Couverture inférieure manquante

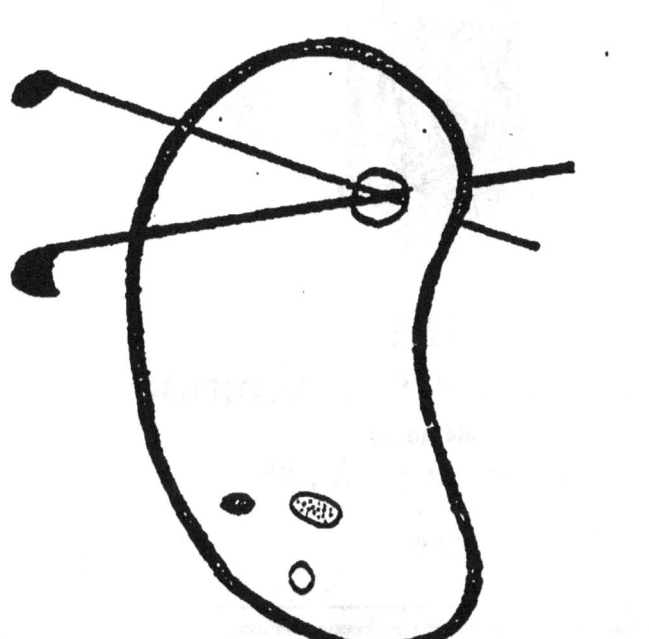

DEBUT D'UNE SERIE DE DOCUMENTS EN COULEUR

R. KAEPPELIN

Chevalier de la Légion d'honneur, Officier de l'Instruction publique et Médaillé pour dévouement (or, 2e classe).

L'ALSACE

A TRAVERS LES AGES

SON UNITÉ D'ORIGINE ET DE RACES AVEC LA FRANCE
SES LIENS AVEC LA LORRAINE
SES RAPPORTS AVEC L'ALLEMAGNE

PARIS
LIBRAIRIE FISCHBACHER
Société anonyme
33, RUE DE SEINE, 33
—
1890

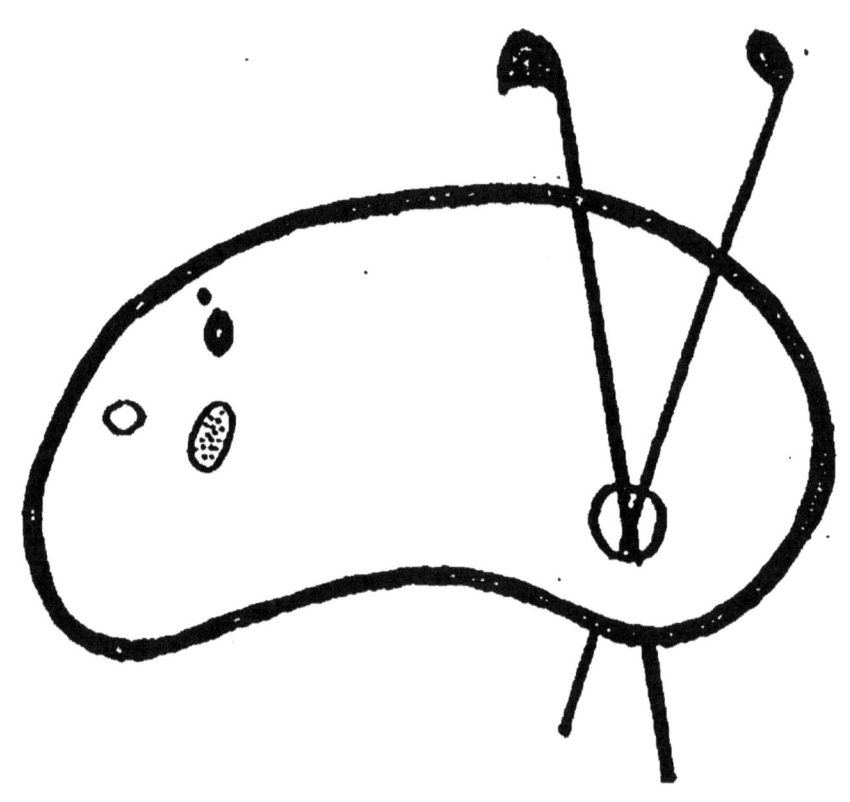

**FIN D'UNE SERIE DE DOCUMENTS
EN COULEUR**

L'ALSACE

A TRAVERS LES AGES

OUVRAGES DU MÊME AUTEUR

Cours de physique, 1 vol. in-8.

Cours de chimie, 1 vol. grand in-12.

Tableaux synoptiques de chimie inorganique, grand atlas in-folio.

Reproduction des êtres vivants, 1 vol. in-8.

Traité sur la végétation, les terrains et les amendements, 1 brochure in-18.

De l'utilité des forêts et des dangers de certains défrichements, 1 brochure in-8.

Progrès de l'allumage, du chauffage et de l'éclairage 1 brochure in-8.

Homme et nature, 1 volume in-12.

Colmar de 1814 à 1871, 1 volume grand in-18.

Œuvres diverses, *avec une mention de l'Institut et des médailles de plusieurs Sociétés savantes.*

ÉMILE COLIN. — IMPRIMERIE DE LAGNY

L'ALSACE

A TRAVERS LES AGES

SON UNITÉ D'ORIGINE ET DE RACES AVEC LA FRANCE
SES LIENS AVEC LA LORRAINE
SES RAPPORTS AVEC L'ALLEMAGNE

PAR

R. KAEPPELIN

*Chevalier de la Légion d'honneur, Officier de l'Instruction publique
et Médaillé pour dévouement (or, 2e classe).*

PARIS
LIBRAIRIE FISCHBACHER
Société anonyme.
33, RUE DE SEINE, 33
—
1890

INTRODUCTION

La présente publication a pour objet d'exposer les faits préhistoriques, géographiques, historiques et ethnographiques qui unissent l'Alsace à la France par les lois naturelles et sociales.

Au mépris de ces lois, l'Allemagne a arraché l'Alsace-Lorraine à la France, et frappé les Alsaciens-Lorrains du coup le plus cruel, en privant les uns de leur patrie et les autres de leur pays natal.

Étant l'une des quinze cent mille premières victimes de cet acte de violence, je veux, jusqu'à mes derniers jours, protester contre son iniquité, et c'est pourquoi, à l'âge de quatre-vingts ans, je soumets ce livre à l'appréciation de mes compatriotes de France et d'Alsace.

Il contient, sur l'origine commune du territoire alsacien et de celui de la France, et sur les races humaines primitives qui les ont habitées, quelques notions scientifiques vulgarisées à l'usage des gens du monde et de la jeune génération sortie de ses premières études.

A partir des temps historiques, il retrace les principaux faits qui se sont succédé dans les régions comprises entre la mer et la rive gauche du Rhin, depuis qu'elles furent occupées par l'invasion des Celtes, pendant les époques gauloises, gallo-romaines et gallo-franques.

Après avoir exposé comment l'Alsace fut séparée de l'Empire français créé par Charlemagne, dans le partage de ses États entre ses petits-fils, il rend compte des conditions autonomiques sous lesquelles elle subit pen-

dant sept siècles et demi la suzeraineté de l'empereur d'Allemagne ; puis de son retour à la France, dont elle devint bientôt, surtout à dater de la révolution de 1789, une des plus importantes et des plus patriotiques provinces.

A chacune de ces phases des divers âges de l'Alsace sont rattachés des épisodes, scènes ou drames personnels, ayant pour objet de caractériser les différentes époques auxquelles ils appartiennent.

Le livre se termine par le précis des événements survenus en Alsace depuis le règne de Louis XIV jusqu'en 1871.

Il a pour but de constater :

Que dans les temps préhistoriques, l'Alsace a été unie à la France par la formation de leurs territoires et par l'identité des races humaines qui les ont habités.

Que leurs destinées sont restées uniformes et indivises pendant les nombreux siècles écoulés entre l'arrivée des Celtes et la cession de l'Alsace à Louis le Germanique;

Que durant la période où elle a subi la suzeraineté de l'empire d'Allemagne, mais sans être incorporée à aucune nation germaine, la race alsacienne est restée autochtone et gallo-franque, quoiqu'elle eût à la longue perdu l'usage de la langue romane pour prendre l'idiome du peuple voisin d'outre-Rhin;

Que depuis leur retour à la France, il y a deux siècles et demi, les Alsaciens n'ont cessé de lui donner des preuves de leur patriotisme;

Et enfin que les faits naturels et historiques prouvent que le Rhin, lui seul, doit et peut servir de frontière entre la France et l'Allemagne.

L'ALSACE
A TRAVERS LES AGES

PREMIÈRES VUES

Les Ballons d'Alsace sont l'une des trois premières assises du territoire de la France. — Le feu, l'air, la terre et l'eau. — Mer universelle et mers partielles. — Vosges, Jura, Pyrénées et Alpes. — Premiers êtres vivants et générations successives. — Déluges européens. — Époque glaciaire et glaciers des Vosges. — Croûte terrestre actuelle. — Température stable. — Avenir de notre système solaire ; a-t-il toujours existé ?

L'Alsace a servi à la fondation de l'une des trois premières assises du territoire de la France.

Pour le constater, il faut remonter bien haut dans l'infini du Temps et de l'Espace.

Le système planétaire dont la terre fait partie, n'a pas toujours existé sous sa forme actuelle. L'immense masse des substances qui le constituent, était d'abord confondue en un insondable chaos de matières volatilisées, brûlantes, fulgurantes et lumineuses ; c'était une *nébuleuse*, isolée des autres mondes disséminés dans l'espace, dans lequel elle rayonnait et perdait une partie de sa chaleur.

A la suite de millions de siècles, subissant les lois du refroidissement et les effets de ses mouvements intérieurs, cette masse de vapeurs ignées se transforma, soit par des condensations et des concentrations partielles, soit par des projections ex-centrales, en notre système solaire actuel, le soleil au centre, les planètes gravitant autour de lui, et leurs satellites circulant autour d'elles-mêmes.

La terre était faite ! C'était alors un globe incandescent et en pleine fusion, qu'entourait une couche épaisse de toutes les substances que la chaleur maintenait encore à l'état de vapeur.

Cette chaleur continuant à décroître, celles de ces substances, qu'elle ne pouvait plus soutenir à l'état gazeux, se condensaient et se déposaient peu à peu à la surface du globe, où ce même refroidissement produisit une première croûte solidifiée qui s'épaississait de plus en plus.

Les dernières vapeurs qui se condensèrent ainsi, furent celles de l'*eau*, qui purent enfin se liquéfier à leur tour, et après une nouvelle et longue série de siècles, le globe terrestre se trouva couvert en entier d'une couche uniforme d'eaux chaudes et fortement minéralisées, qu'enveloppait une atmosphère d'*air* moins impur et privé déjà de la majeure partie des matières qu'il avait contenues à l'état de vapeurs.

Les deux couches superposées d'*eau* et d'*air*, continuèrent longtemps à s'épurer en se déchargeant des corps étrangers qui s'y mêlaient encore, l'atmosphère en les laissant s'abattre et se fondre dans la mer universelle, et celle-ci en les déposant sur la croûte superficielle qu'elle recouvrait de toutes parts.

Cette double épuration fut bien lente, car la lutte fut longue et formidable entre l'atmosphère et la mer, et entre la mer et l'écorce terrestre toute brûlante encore au contact de la fournaise immense qu'elle entourait à peine d'une mince couche de matières solidifiées. Les feux intérieurs agitaient et brisaient violemment cette faible et récente enveloppe, et celle-ci produisait d'effroyables tourmentes dans la mer qui la couvrait, et qui à son tour renvoyait à l'atmosphère des masses de vapeurs diverses et d'indescriptibles ouragans.

Dans un de ces prodigieux combats entre l'eau extérieure et le feu intérieur, la croûte terrestre se rompit dans la partie du globe où se trouve aujourd'hui la France, et du sein de la mer universelle s'y élevèrent des *îles* dont les masses granitiques formèrent, à l'ouest, quelques points saillants de la Normandie et de la Bretagne, vers le centre, une partie de l'Auvergne, et à l'est, les premiers sommets des Vosges, les deux *Ballons d'Alsace* qui forment l'extrémité méridionale de cette chaîne.

Aucune terre de France n'est donc plus ancienne que l'Alsace, et deux seulement le sont autant qu'elle.

Cependant la lutte entre le feu et l'eau se continuait à travers l'écorce terrestre, qui s'épaississait de plus en plus par la consolidation de nouvelles parties intérieures et par la superposition de dépôts extérieurs. Devenue plus résistante, l'enveloppe solide de la sphère ignée cédait moins facilement aux mouvements et aux efforts qui heurtaient sa paroi intérieure ; mais aussi, quand ceux-ci s'accumulaient au point de vaincre l'obstacle qu'elle leur opposait, elle était d'autant plus violemment brisée et disloquée, se soulevant sur certains points et s'affaissant sur d'autres. L'uniformité primitive de sa surface fut détruite, et ses inégalités rompirent le niveau sphéroïdal de la mer universelle qui se trouva alors transformée en mers partielles, nombreuses et peu profondes, dont l'une, la mer Jurassique, baignait au sud les pieds des premières Vosges.

Après celles-ci, les Pyrénées surgirent à leur tour à la surface du globe; puis apparurent les montagnes du Jura, et enfin les derniers et les plus importants massifs de la chaîne des Alpes, tandis que celle des Vosges s'élargissait, s'allongeait et se surélevait par la formation successive de roches porphyriques, syénitiques, quartzeuses, et surtout d'amas considérables de grès rouge, de grès gris et de roches calcaires.

Les eaux des mers et des lacs qui avaient à diverses reprises couvert la partie de la surface terrestre qui devait devenir la France, finirent par être refoulées dans l'océan Atlantique servant de limite à l'ouest de ce pays, comme les Pyrénées lui en servaient au sud, les Alpes et le Jura au sud-est, et les Vosges à l'est.

De même que nous avons dit précédemment que la *terre était faite*, nous pouvons dire maintenant que la *France était faite*.

Avant d'arriver à ce résultat, les lieux qu'elle devait occuper avaient subi bien des phases diverses. Dans les mers partielles qui les couvrirent longtemps, se produisirent les premiers êtres vivants, les algues et les varechs parmi les plantes, et parmi les animaux ceux portant des coquillages ou des enveloppes crustacées. La terre tout entière possédait une température uniforme, chaude, égale aux pôles et à l'équateur, et insensible à toute variation, abritée qu'elle était contre l'influence solaire par l'épaisseur de son atmosphère encore lourde, voilée et sombre.

Quand les eaux et l'air se furent suffisamment éclaircis, aux premiers habitants des mers partielles vinrent s'ajouter des poissons et d'immenses reptiles aquatiques dont les Ichthyosaures et les Plésiosaures sont les principaux types connus, même du vulgaire de notre temps, et qui fréquentaient les eaux situées au sud des premières Vosges.

Toutes les terres découvertes à la surface du globe, portaient alors une luxuriante végétation de prêles, de lycopodes et de fougères de dimensions puissantes, et dont nous retrouvons, à l'état de houilles diverses, les débris enfouis par les transformations successives subies par cette surface. Des bancs houillers ont été ainsi formés aux deux extrémités de la chaîne Vosgienne.

L'épuration plus complète de l'air permit enfin à la terre de recevoir l'impression des rayons solaires, et de devenir sensible aux influences du jour, des saisons et des climats.

Aussitôt apparurent les premiers oiseaux et les premiers mammifères. Les plus anciens parmi ceux-ci avaient de grandes analogies de forme avec nos tapirs et nos chevreuils actuels, et eurent pour successeurs une série d'herbivores divers, qui se termina par les mastodontes et les mammouths, ces anciens modèles de nos éléphants modernes.

La nombreuse population d'animaux vivant aux dépens des plantes, offrait une abondante proie aux besoins de ceux qui ne vivent que de chair; aussi les carnassiers firent-ils leur apparition peu après les premiers herbivores, et parmi leurs principales espèces nous rappellerons seulement le grand-lion, le grand-tigre, le grand-ours, la hyène des cavernes, et les loups, chacals et renards.

Les premiers hommes furent contemporains de ceux de ces animaux dont l'origine était la plus récente.

Pendant que se succédaient ces diverses générations d'êtres vivants, l'Europe fut soumise à deux grands cataclysmes, connus sous le nom de déluges, et antérieurs à celui qu'on désigne habituellement, d'après Moïse, sous le nom de déluge universel, et qui eut lieu, en Asie, par le soulèvement de la puissante chaîne de montagnes qui fait suite au Caucase.

1.

L'Europe fut ravagée, au nord, par un déluge que causa le soulèvement des monts Scandinaves, et, au sud, par celui que produisit le soulèvement des derniers et principaux massifs des Alpes. Les eaux, projetées sur l'Europe par ces deux formidables commotions, déformèrent des montagnes, creusèrent des vallées et couvrirent les plaines d'immenses dépôts de cailloux roulés, de limons, de sables et de terres meubles, et produisirent en Alsace, au pied des Vosges, des amas considérables de *Lehm*, mélange particulier d'argile, de calcaire, de sable quartzeux et micacé, et d'oxyde de fer.

A la fin de ces temps troublés par de si prodigieux bouleversements, la chaîne Vosgienne avait atteint ses dimensions et sa forme actuelles, et, avec l'admirable plaine qui s'étend de ses pieds jusqu'au milieu de la vallée dans laquelle elle est limitée par le Rhin, séparait plus complètement encore la France de l'Allemagne.

Toute cette contrée de l'Europe jouissait alors d'une température chaude et humide qui favorisait une végétation puissante. Les chênes, les tilleuls, les aulnes, les ormes, toutes les espèces de nos arbres modernes, y formaient de vastes et épaisses forêts, et dans les lieux que celles-ci ne couvraient pas, s'étendaient des prairies luxuriantes, touffues et sans fin.

Cette florissante région de bois et de savanes était parcourue par un nombre immense de mammouths, d'hippopotames, de rhinocéros, de deux espèces de bœufs appelés aurochs et urus, de chevaux et d'une foule d'herbivores de moindre grandeur, dont l'heureuse existence n'était troublée que par les attaques du grand-tigre, du grand-ours, de la hyène des cavernes, des loups et autres animaux de proie parmi lesquels se trouvaient aussi des aigles, grands-ducs et faucons.

La destruction de la multitude d'animaux et de plantes qui avaient péri par les funestes effets des deux déluges européens, paraissait donc bien réparée, lorsqu'il survint une catastrophe nouvelle, toute aussi désastreuse par son étendue et sa durée.

Sans qu'on ait pu jusqu'à présent en déterminer la cause, il survint brusquement un froid glacial qui s'étendit des pôles jusqu'aux contrées méridionales de l'Europe et qui fut si instantané que, dans le cours des cent dernièniéres années, on a trouvé, enfouis et conservés dans les glaces de la Sibérie, des cadavres entiers de mammouths et de rhinocéros, ensevelis si rapidement qu'aucune partie de leur corps, ni leur chair, ni leur peau, ne put être atteinte par la putréfaction.

Les sommets des montagnes se chargèrent d'immenses glaciers qui descendaient par les vallées jusqu'aux plaines inférieures que couvrirent en partie les glaces et les neiges. Quelques plateaux intermédiaires conservèrent seuls leurs forêts et servirent de refuge aux animaux qui survécurent à ce grand désastre.

Comme le font, de nos jours, les glaciers des Alpes et des autres montagnes dont les cimes dépassent la limite des neiges perpétuelles, ceux de la période glaciaire, cédant à leur poids et à la pression des congélations continuelles qui se faisaient à leurs sommets, glissaient sur les flancs des vallées en leur arrachant des blocs et des amas de rochers qu'ils emportaient vers leurs bases et transportaient quelquefois à des distances considérables, tout en nivelant, mamelonnant, polissant et striant les roches qui résistaient à leurs efforts.

Nous en retrouvons les traces dans les marnières, les blocs erratiques et les roches striées, polies, nivelées ou moutonnées qu'on découvre dans les lieux où furent d'anciens glaciers. Dans les Alpes, l'un de ces principaux glaciers descendait jusqu'au cours supérieur du Rhin; et dans les Vosges se distinguaient par leurs dimensions, celui qui s'étendait du Ballon de Guebwiller dans la vallée de Saint-Amarin, et celui de la vallée de la Moselle qui se terminait un peu au-dessous de Remiremont.

La période glaciaire finit sans cause connue comme elle avait commencé, et la vie organique reprit complètement son cours.

Depuis cette époque, il ne s'est plus produit à la surface du globe aucun de ces grands événements qui en bouleversaient et en modifiaient l'ensemble. L'action des feux souterrains ne se manifeste plus que dans des circonstances et des localités restreintes, par des tremblements de terre, des éruptions volcaniques et quelques partiels surélèvements ou affaissements de terrain. Le niveau des océans reste constant, et à peine sur quelques points de leurs côtes, voit-on les terres riveraines se hausser ou s'abaisser lentement et faiblement.

L'écorce terrestre n'a cependant qu'une mince épaisseur d'une soixantaine de kilomètres, et n'équivaut qu'à la 265° partie du diamètre du globe en fusion ignée qu'elle enveloppe.

Il est constaté d'ailleurs que, depuis les temps historiques les plus reculés, la température générale qui règne à la surface de la terre n'a plus varié. Parmi les observations faites à cet égard, il en est une tirée de la coexistence du palmier et de la vigne dans certaines contrées de l'Orient. La vigne ne peut vivre dans les contrées où la température habituelle s'élève avec quelque continuité au-dessus d'une moyenne de 25 à 30 degrés, et le palmier périt lorsque cette température vient à s'abaisser au-dessous : or, ces deux plantes vivaient en commun, il y a trois mille ans, dans la Judée et d'autres pays, où nous les retrouvons de nos jours avec cette température moyenne de 25 à 30 degrés. La terre ne s'est donc ni refroidie ni échauffée depuis trente siècles.

Cette stabilité est due à ce que le globe terrestre reçoit du soleil autant de chaleur qu'il en perd lui-même dans l'espace, et elle se maintiendra tant que le soleil conservera son état thermique actuel. Mais si la chaleur solaire venait à s'abaisser, cet astre radieux subirait à son tour les phases par lesquelles a passé la terre ; il finirait par se ternir, s'encroûter, et à la suite de nouvelles séries de milliers de siècles, il deviendrait solide, obscur et froid, et longtemps avant lui les planètes auraient éprouvé le même sort, et seraient, avec lui, devenues invisibles dans l'espace.

Est-ce ainsi qu'ont fini certains mondes stellaires, dont les astronomes ont constaté la disparition? Ils ont reconnu en effet que, dans cette myriade de soleils qui, sous le nom d'étoiles fixes, constituent notre firmament, et qui s'étendent certainement à l'infini en ne nous laissant voir que ceux d'entre eux qui sont perceptibles à nos télescopes, il y en a qui ont disparu, tandis que d'autres s'y sont montrés tout à coup. Que se passe-t-il donc dans ces trois incommensurables infinis du temps, de l'espace et des mondes? Et que faut-il penser de l'assurance avec laquelle on entend dire, quelquefois, que l'Univers a toujours été tel qu'il est aujourd'hui ?

Sans en appeler même au témoignage de ces astres naissants ou mourants dans le champ céleste ouvert aux regards de la science humaine, et nous restreignant à ne considérer que notre système solaire particulier, si humble et si petit dans les trois immensités sans bornes que nous venons de nommer, nous sommes obligés de reconnaître qu'il a une *origine déterminée*, et s'est constitué à un *moment donné*.

En effet, comme il a été dit précédemment, son état actuel est résulté des conditions subies par ses matières premières. Sous l'influence des lois du refroidissement qu'éprouve tout corps chaud dans un espace plus froid que lui, quelque chaud que soit ce corps, et quelque froid que soit l'espace qui l'entoure, il faut un certain temps pour qu'il s'y refroidisse, mais *il ne faut qu'un certain temps, et celui-ci a* nécessairement un commencement et une fin.

Pour notre système solaire, la fin, au moins momentanée, est son état actuel, où la chaleur que les planètes reçoivent du soleil fait équilibre aux pertes qu'éprouve leur propre chaleur ; *mais le commencement du refroidissement de notre nébuleuse originaire, où est-il ?*

Il a nécessairement aussi *sa place dans le temps, et ne peut avoir commencé avec l'éternité, puisque l'éternité n'a pas de commencement.*

Quel que soit le nombre des millions de siècles qu'ont employés à se refroidir et à se coordonner les matières premières de notre système solaire, ils ont donc un *point de départ dans l'éternité,* et ces matières premières y ont une origine remontant à un moment précis.

Une seule objection peut être opposée à ce qui précède, et la voici : D'après les lois connues de la transformation de la chaleur en mouvement, et réciproquement, du mouvement en chaleur, la rencontre fortuite de deux mondes stellaires produirait par leur choc une chaleur suffisante pour les faire passer de nouveau à l'état de nébuleuse et recommencer alors la série des phases précédemment décrites.

Or, d'après les admirables lois de la mécanique céleste, peut-on admettre que deux mondes stellaires puissent se rencontrer dans l'espace ? Certes non, et tout ce que nous pouvons supposer dans cet ordre de faits, c'est le choc d'une comète contre quelque soleil, où elle s'abîmerait en le troublant à peine, ou contre quelque planète à laquelle elle ne porterait qu'une atteinte tout simplement superficielle, malgré la violence des troubles qu'elle produirait à sa surface.

Nous pouvons donc répéter que les matières premières du système solaire auquel appartient la terre, n'ont pas existé toujours, mais ont été formées dans l'espace, à un moment donné, et nous demander alors, d'où viennent-elles?

La matière ne pouvant sortir du néant par elle-même, doit en avoir été tirée par une cause plus puissante, dont elle n'est que l'effet.

Nous ne pouvons élever notre esprit à la conception d'une essence suprême qui dispose de l'espace, de l'éternité et des mondes, pas plus qu'à celle même de ces trois infinis ; mais ne sommes-nous pas réduits à la même insuffisance sur des sujets plus rapprochés de nous, quand, tout en connaissant parfaitement leurs propriétés et leurs actions, nous ne parvenons pas à nous rendre compte de la nature intime des fluides incorporels calorifiques, lumineux et électriques, ni de la force expansive des gaz, ni de la force de cohésion des solides, ni de celle de la pesanteur et de la gravitation?

Dans l'impuissance où nous sommes d'approfondir ces insondables mystères, disons seulement ici qu'à mesure que l'humanité s'est élevée en intelligence et en savoir, elle a passé de la croyance aux fétiches des peuplades sauvages, à celle des grossières idoles des peuples barbares, puis à celle des diverses et nombreuses divinités des nations de l'antiquité, et est arrivée à mettre sa foi en un Dieu unique, souverain Maître de la nature entière.

DEUXIÈMES VUES

Age des mammouths, de l'homme primitif, de la pierre brute. — Origine de la race humaine. — Premiers temps de l'humanité.

Pendant la longue durée de l'époque où se produisirent momentanément en Europe les catastrophes terribles mais passagères des deux déluges partiels et de la période glaciaire, l'Alsace était, comme toute cette partie de ce que nous appelons aujourd'hui l'Ancien Continent, couverte de luxuriantes prairies et de vastes forêts où se trouvaient rassemblées toutes les espèces d'arbres et de plantes analogues à celles qui vivent de nos jours.

Elle était alors peuplée de mammouths, grands éléphants à longues défenses recourbées et dont le corps portait une épaisse fourrure surmontée d'une crinière touffue et longitudinale ; de rhinocéros à deux cornes, d'hippopotames ; de grands bœufs, l'Aurochs et l'Urus ; de cerfs à bois gigantesques ; de chevaux de petite taille ; de rennes et d'une foule d'autres animaux herbivores de moindre dimension. Au sein de cette génération paisible, s'exerçaient les déprédations faciles et incessantes de grandes espèces de tigres et d'ours et des hyènes, loups et chacals. Une foule d'oiseaux animaient les bois, les prés et les bords des eaux, n'ayant à redouter que les petits carnassiers et les oiseaux de proie dont les plus grands étaient les aigles, les grands-ducs et les faucons.

Cette nature si riche et si florissante se compléta par l'apparition de l'homme.

Pour constater l'existence de cet homme primitif, antédiluvien ou préhistorique, comme on l'appelle, nous n'indiquerons que quelques faits généraux.

Tandis que dans certaines cavernes, tanières ou brèches rocheuses, on n'a trouvé que des os rongés et accumulés par quelque animal féroce, ou rassemblés par le cours d'eaux impétueuses, on a, dans d'autres cavités de montagnes ou de collines, découvert des os d'animaux dont les plus volumineux sont fendus artificiellement dans le sens de leur longueur, et mêlés à des ossements humains et à des outils en silex brut; ceux-ci grossièrement taillés, consistant en couteaux, scies, haches et pointes de flèches et d'épieux, pouvant s'adapter la plupart à des manches en bois ou en os.

En certains lieux, des amas de coquillages comestibles, et en d'autres des traces de foyer, attestent aussi le travail de l'homme, et il en est de même de la découverte de cavités funéraires, scellées de dalles de pierre et contenant des ossements humains. Ailleurs encore on a pu constater l'établissement de véritables fabriques des divers instruments taillés dans le silex.

Parmi tous ces débris provenant des premiers temps de l'humanité, et enfouis dans les terrains inférieurs à ceux sur lesquels elle existe aujourd'hui, les plus importants sont des têtes fossiles entières, avec leurs crânes, leurs faces et leurs mâchoires. Dans la vallée du Rhin, mais sur la rive droite allemande, un ingénieur français, M. Aimé Boué, a trouvé en 1823 un fragment de crâne humain enfoui dans le *lehm*, dont la formation remonte au déluge causé par le soulèvement des derniers et principaux massifs alpins ; et dans ce même *lehm*, en Alsace, auprès d'Éguisheim et non loin de Colmar, le docteur Faudel a recueilli, il y a une trentaine d'années, un crâne de même nature.

L'étude anatomique des os fossiles provenant des premiers humains qui ont habité l'Europe, a eu pour résultat d'établir qu'ils étaient de petite taille, trapus, fortement membrés, et ressemblant par leur stature, leur figure et leur physionomie aux Samoïdes et aux Esquimaux modernes.

Leur apparition en Europe est, comme tant d'autres phénomènes naturels, un mystère sur lequel s'élèvent et se combattent des opinions diverses.

L'une d'elles, qui date de notre siècle, consiste à considérer tous les êtres vivants comme des résultats successifs et progressifs d'un acte matériel initial, et peut être résumée comme il suit. En vertu de l'attraction moléculaire et sous l'influence de conditions spéciales et fortuites, certaines particules de matière peuvent se réunir de manière à constituer des cellules dont la juxtaposition et le groupement forment la base première d'un commencement de tissu organique. Sous l'action d'une cause nouvelle, la force vitale, ce tissu primitif se développe en un premier germe vivant qui termine cette série d'évolutions, par un être, plante ou animal, de l'organisation la plus simple et la plus rudimentaire possible. Parmi ces sujets élémentaires, il s'en produit accidentellement, quelque jour, un ou plusieurs mieux faits, plus complets, plus forts que les autres, et capables de constituer une espèce plus avancée et mieux organisée que celle d'où ils sont sortis. En appliquant cette hypothèse à toutes les phases d'existence des êtres organisés, on arrive à admettre que, partant de la cellule initiale, tous les êtres qui ont vécu et qui vivent sur la terre sont les résultats de transformations et améliorations successives ; ainsi depuis le premier germe de l'algue jusqu'au chêne, depuis celui du premier mollusque jusqu'à l'homme, toutes les innombrables espèces organisées qui ont existé et existent ne sont que la série de métamorphoses éventuelles et répétées à travers une incalculable suite de siècles.

Si les choses se sont passées ainsi, comment se fait-il que ces métamorphoses ne puissent plus se produire, et que, depuis les temps historiques les plus reculés, on n'ait jamais vu la moindre transgression à la loi de l'inaltérabilité des espèces, sujettes tout au plus à fournir quelques variétés et rarement quelques métis, incapables de se reproduire ?

Dans l'hypothèse que nous relatons en ce moment, l'homme proviendrait des animaux avec lesquels sa forme générale a le plus d'analogie. Cette ressemblance est pourtant beaucoup plus apparente que réelle, et se trouve presque annulée par la différence des crânes, des mâchoires et des membres ; mais fût-elle plus complète même qu'elle ne paraît, il n'en serait que plus difficile de comprendre comment, chez le singe, le fonctionnement des organes de la pensée est si misérablement inférieur aux merveilleux résultats que produit le cerveau de l'homme. Sans doute, comme la plupart des animaux des classes supérieures, le singe est susceptible de quelque éducation, mais ce n'est que sous la volonté de l'homme que son intelligence devient capable de faire quelque progrès, et abandonné à lui-même, il reste brut et inconscient, ne sachant que se livrer toujours aux mêmes actes, nécessaires aux besoins de son existence ; tandis que l'esprit humain se développe et se *perfectionne* sans cesse par lui-même, a le pouvoir *d'inventer* et de s'élever aux plus hautes abstractions, et qu'à la clarté du flambeau des sciences, il domine la nature entière et même la soumet quelquefois à sa puissance.

La transformation du singe en homme, ne consisterait donc pas seulement en quelques modifications de constitution matérielle, et pour l'effectuer il aurait fallu le prodige impossible de combler l'abîme qui sépare leurs facultés intellectuelles et morales.

Quelque peu qu'on observe les mœurs des animaux, on constate qu'ils n'élèvent pas ceux de leurs petits qui naissent difformes ou infirmes. Comment donc un couple de quadrumanes, gibbons, chimpanzés ou féroces gorilles, aurait-il donné ses soins au faible être né d'eux, mais sans poils pour couvrir sa peau nue, défiguré par un grand front droit et un menton saillant, ayant des bras trop courts, et des jambes trop droites, trop longues, trop charnues et terminées par des talons trop gros et des doigts presque inflexibles et sans pouces opposables? La mère elle-même l'aurait repoussé avec horreur et abandonné, et probablement le père l'aurait brisé d'un coup de patte ou de dent. Si même, par cas étrange, la chétive créature eût échappé à l'abandon ou à l'infanticide, ses parents n'auraient pas pu la préserver contre tous les dangers menaçant son enfance, pendant laquelle elle ne pouvait, avec eux, ni grimper ni bondir de branches en branches sur les arbres qu'ils habitaient. Et puis encore, ne fallait-il pas que toutes ces circonstances singulières et exceptionnelles se répétassent sur plusieurs points assez voisins les uns des autres, pour que les nouveaux sujets qui leur devaient l'existence, pussent servir de souche à la race qu'ils devaient propager ?

Elle est donc hérissée de nombreuses et insurmontables difficultés, cette hypothèse qui fait descendre, ou remonter si l'on veut l'espèce humaine de quelque espèce simiane, et tend à nous faire considérer comme les cousins germains des singes et les parents plus ou moins éloignés de toutes les autres bêtes.

Si les premiers humains ne doivent pas leur origine à des formations et transformations spontanées, d'où venaient donc ceux dont on retrouve des traces partout en Europe? Provenaient-ils, conformément aux croyances religieuses des Israélites, d'un premier et unique ancêtre, créé dans le Paradis terrestre? Ils auraient dans ce cas bien dégénéré de ce beau couple d'Adam et d'Ève, sculptés par la main même de Dieu, et se seraient bien éloignés du divin séjour habité par ceux-ci en Asie.

Partis des lieux voisins de ce séjour de félicités, où leurs parents avaient des entretiens avec Dieu et ses anges, comment avaient-ils pu tomber dans un état de sauvagerie telle, qu'ils étaient certainement inférieurs à plusieurs peuplades insulaires de l'océan Pacifique ?

Cette dégénérescence et cette lointaine émigration paraissent peu de chose cependant, auprès de toutes celles qu'ont dû subir ou exécuter les descendants d'Adam, pour peupler la terre entière de tant de races diverses, blanches, noires, rouges, jaunes et olivâtres, si dissemblables les unes des autres physiquement, intellectuellement et même moralement.

Si les primitifs d'Europe ne dérivent d'aucune des deux sources que nous venons d'indiquer, ils ne peuvent qu'avoir été formés dans cette partie du globe, comme dans d'autres sans doute, par la toute-puissante volonté d'un Être suprême dont les lois ont peuplé la terre entière, et à toute époque, d'une multitude d'espèces différentes de plantes et d'animaux, qu'il y a répandus à profusion en tous temps et en tous lieux.

De quelque manière qu'ils soient arrivés au jour, les primitifs d'Europe y eurent d'abord bien du mal à subir !

Leur organisme dentaire et intestinal ne leur permettait pas de se nourrir uniquement des plantes, comme le font les herbivores, et ils n'avaient ni les fortes griffes ni les puissantes mâchoires qui servent aux carnassiers à saisir, déchirer et dévorer leur proie. Ils ne trouvaient donc, pour aliments, que des fruits sauvages, quelques racines, et les petits animaux qu'ils pouvaient surprendre et retenir de leurs mains, et dont ils mangeaient les chairs crues et saignantes.

Ils n'avaient, pour se garantir des intempéries, que les peaux enlevées aux animaux plus faibles qu'eux et dont ils parvenaient à s'emparer. Leur état fut bien misérable et digne de pitié, jusqu'au jour où ils surent se procurer du feu pour se chauffer, cuire leurs aliments et écarter de leur gîte les bêtes féroces.

Comment s'effectua ce premier progrès de

l'humanité ? Il est dû sans doute à des incendies causés par la foudre tombée sur des arbres, des broussailles ou des herbes desséchées. Les témoins de ce phénomène naturel, qui dut nécessairement leur causer d'abord une grande frayeur, finirent par comprendre les résultats qu'ils pouvaient en tirer, s'emparèrent de tisons enflammés et en formèrent leurs premiers foyers, qu'ils eurent soin d'entretenir avec de nouveaux matériaux.

Il est possible aussi qu'ayant vu des étincelles jaillir du choc d'un silex contre un fragment de pyrite de fer ou d'oxyde de fer, pierres assez communes toutes deux, ils se soient servis de ce procédé pour allumer des parcelles de mousses et d'herbes sèches, ou des poussières de moelles végétales et de bois vermoulu.

Peut-être encore parvinrent-ils, comme l'ont fait la plupart des peuplades sauvages modernes, à embraser les débris inflammables que nous venons de nommer, en les plaçant dans un creux pratiqué à la surface d'une bûche sèche, et dans lequel ils faisaient pivoter rapidement sur elle-même la pointe effilée d'un bâton tenu verticalement entre les deux mains qui lui imprimaient le mouvement rotatoire nécessaire pour chauffer sa partie inférieure et la cavité ligneuse où elle pénétrait, et enflammer ainsi les amorces végétales dont cette cavité était garnie.

Le feu conquis, entretenu ou renouvelé, fut le premier bien-être dont ait joui l'homme primitif. Aussi n'en laissa-t-il plus manquer aucune de ses habitations, qui étaient de diverses natures.

Les unes, et les meilleures certainement, étaient les cavernes qu'il découvrait dans les flancs des montagnes ou des collines, et où les membres plus ou moins nombreux d'une même famille pouvaient se réunir, s'abriter et amasser leurs provisions alimentaires.

A défaut de cavernes naturelles, il savait sans doute en creuser d'artificielles, en déblayant les terres que renfermaient entre eux deux blocs de rocher suffisamment écartés l'un de l'autre.

Quelquefois aussi il se contentait de l'abri que lui offrait une simple voûte rocheuse et saillante, dont il complétait alors les côtés par des amas de pierres ou de bois.

Enfin il ne peut être douteux que l'habitation des hommes primitifs ne fût souvent qu'une hutte conique formée par l'assemblage de perches fixées circulairement dans le sol par leur base, et réunies par leurs sommets au moyen de fortes lianes, puis renforcées de branchages et de terres gazonnées, et couvertes de peaux de bêtes, construction semblable à celle que font encore de nos jours les Indiens nomades de l'Amérique, et même quelquefois, moins les peaux, les bûcherons qui séjournent momentanément dans nos forêts d'Europe.

Ces habitations diverses étaient toujours situées dans le voisinage d'une source, d'un ruisseau, d'une rivière ou d'un réservoir d'eau naturel, et avait son abord précédé d'un brasier suffisamment abrité pour empêcher l'extinction du feu qu'on y entretenait sans cesse pour s'y chauffer, cuire les aliments, et écarter les animaux carnassiers et les grands herbivores dangereux par leurs dimensions, leur force ou leur naturel farouche.

C'est avec les fourrures des animaux tués pour sa nourriture que l'homme primitif fabriquait ses vêtements; il les appropriait à l'usage qu'il devait en faire, par des coutures auxquelles il employait des filaments de tendons, des nerfs, ou des fils en boyaux tordus sur eux-mêmes. C'est également par la torsion de boyaux de diverses épaisseurs, qu'il obtenait des cordons et des cordes de grosseur et de force différentes. Pour ces opérations comme pour la conservation des objets qu'elles produisaient, les matières employées étaient plus ou moins longtemps ou fréquemment exposées et desséchées à la fumée chaude des brasiers.

Après n'avoir eu d'abord que des bâtons pour toute arme, les hommes, si mal pourvus par la nature, de moyens d'attaque et de défense, parvinrent à y adapter des silex massifs et tranchants pour s'en faire des haches, des épieux et des piques; puis encore ils arrivèrent à façonner des arcs et des flèches, dont la pointe était garnie d'un silex ou d'un os aigu.

Confiant alors dans sa force et son adresse, l'homme ne craignit plus l'attaque des grands carnassiers ses contemporains, et eut le courage de faire lui-même la chasse aux herbivores les plus farouches et les plus formidables par leur taille colossale.

Pour s'en emparer, il dut certainement employer, entre autres moyens, celui usité encore aux Indes et en Afrique, et qui consiste à creuser des fosses dont l'ouverture est couverte de branchages et d'herbages, de manière à laisser choir dans la cavité que ces plantes dissimulent à ses yeux, tout animal de forte taille qui vient à les fouler aux pieds et les brise par son poids. Le captif des chasseurs primitifs, périssait alors sous une grêle de flèches ou de quartiers de roc, et satisfaisait abondamment à leurs besoins.

La variété des aliments plus nombreux, que leurs armes leur procuraient, développa dès lors, chez les Primitifs, certains goûts gastronomiques ; ils éprouvèrent une préférence marquée pour la moelle, qu'ils retiraient avidement de tous les os gros et longs où elle se trouve : aussi dans les lieux qu'ils ont habités, ne rencontre-t-on ces os que fendus artificiellement dans leur longueur.

Les conditions d'existence auxquelles étaient soumis les hommes de ces premiers temps, ne se prêtaient évidemment pas à ce qu'ils se réunissent en agglomérations de quelque importance. Celles qu'ils purent former dans quelques lieux, peu nombreux, n'étaient pas considérables, et ils ne vécurent généralement que par petites familles dispersées au loin les unes des autres.

De cet isolement résultèrent nécessairement la lenteur de leur développement intellectuel et la prolongation de leur état sauvage ; mais il en résulta aussi que, ne pouvant se rassembler en peuplade, il n'y eut pas entre eux la moindre cause de guerre, comme il s'en produit entre les hommes dès qu'ils sont réunis en clans, tribus ou peuples.

De plus, ne possédant aucun bien de nature particulière, et ayant sans cesse besoin des secours qu'ils pourraient se prêter les uns aux autres pour faire la chasse aux grands animaux, ils durent ignorer l'envie, la cupidité, le vol et la rapine. Ne sachant d'ailleurs fabriquer aucune liqueur fermentée, ils furent à l'abri des querelles que suscitent les funestes effets de l'ivresse. Si quelque motif de haine pouvait s'élever parmi eux, il ne devait être causé que par des prétentions communes à posséder une même femme, par l'amour et la jalousie, passions qui devaient être bien faibles et rares dans une existence livrée à tant de besoins, de fatigues et de dangers.

Les soins qu'ils mettaient à ensevelir leurs morts, aux obsèques desquels ils invitaient ceux de leurs semblables qui habitaient dans leur voisinage, et les repas communs auxquels assistaient ensuite ceux-ci, prouvent le respect général que tous ressentaient pour les restes de leurs parents et amis, dont la mort devenait l'objet d'une cérémonie funèbre.

Pour honorer ainsi les morts, il faut certes les avoir respectés et aimés pendant leur vie. On ne peut donc guère douter des secours que les Primitifs devaient donner à leurs vieillards, leurs orphelins, leurs malades et leurs infirmes. L'existence des familles dépendant uniquement de l'activité de leurs chefs respectifs, et cette activité pouvant venir à manquer à chacun d'eux, par accident ou par la mort, ils devaient être inspirés par leur propre intérêt, à s'aider les uns les autres, soit dans leur personne même, soit dans les êtres qu'ils faisaient vivre du travail de leurs chasses, travail facilité d'ailleurs par l'abondance des animaux qui en étaient l'objet.

TROISIÈMES VUES

Primitifs d'Alsace. — Épisode caractéristique : *Belette et Tueur d'ours.*

En Alsace on ne trouve point d'assemblage de débris fossiles qui attestent la présence des premiers hommes. On n'y a découvert nulle part, jusqu'à présent, aucune de ces stations préhistoriques importantes qu'on a pu observer dans quelques localités de France et d'Europe. La race primitive paraît donc y avoir été peu nombreuse, et disséminée sans doute dans les parties inférieures des flancs des Vosges, dont les sommets étaient couverts de glaciers; le crâne d'Éguisheim, enfoui dans le lehm, en est un irrécusable témoin.

Elle a dû, probablement, établir ses meilleurs refuges dans les grandes vallées vosgiennes, mieux garanties contre les intempéries de l'air et des saisons, que la plaine ou les pentes élevées des montagnes. C'est au bas de ces pentes, sur le sol des vallées que se formèrent les habitations primitives, cavernes naturelles, cavités creusées artificiellement, ou simples abris construits en blocs de pierre, pieux et perches en bois, terres gazonnées et peaux de bêtes.

Laissons un moment notre pensée se fixer sur l'une de ces habitations située dans la grande et large vallée d'Orbey, qui s'ouvre, dans la plaine d'Alsace, aux lieux où se trouvent aujourd'hui les deux villes d'Ammerschwihr et de Kientzheim et se prolonge, à plus de vingt-cinq kilomètres, au delà du point où s'élèvent les ruines de l'antique abbaye de Pairis, et jusqu'au pied des montagnes dont les sommets entourent de leurs hautes roches granitiques les enceintes du *Lac blanc* et du *Lac noir*.

Dans les flancs de l'un des monts qui forment le côté sud de la vallée, à une dizaine de kilomètres de la plaine, se dresse un massif de grands rochers de granit qui domine le lieu où l'on voit les vastes débris du couvent d'Alspach. Là, entre les parois presque verticales de deux blocs de ce massif, s'ouvre une échancrure étroite servant d'entrée à une cavité intérieure assez spacieuse pour abriter et loger quelques êtres humains.

Au fond de ce séjour souterrain sont accumulées, sur une partie du sol, des mousses, des feuilles, des herbes sèches et quelques peaux couvertes de leurs poils, literie grossière, mais suffisante à ceux qui doivent y prendre leur repos. D'autres fourrures, la plupart déjà converties en vêtements, sont suspendues à une forte liane fixée par ses deux bouts au haut de l'une des parois latérales. Sur un autre point du sol est amassée une petite provision de racines, de fruits sauvages et de viande, tantôt fraîche, tantôt gelée, selon le temps et la saison. Dans une encoignure sont rassemblés des haches, des épieux, des piques, des arcs, des flèches et des silex taillés, destinés à leur entretien. Trois crânes d'aurochs, employés comme sièges, et quelques autres de chevreuils, loups et hyènes, servant d'ustensiles de ménage, complètent l'abrupte mobilier de la grotte, à l'entrée de laquelle est suspendue une peau d'urus en guise de portière.

A deux pas de là, contre la base du rocher, et entouré de quelques grosses pierres, brûle un brasier auprès duquel sont réunis trois êtres humains, tous trois couverts uniformément de peaux de loups, et ayant les pieds enveloppés de fourrures relevées et serrées autour des chevilles par des cordons de boyaux. L'un d'eux, une femme, se distingue de ses deux compagnons par des cheveux plus longs, une stature un peu moins élevée et plus svelte, des traits moins durs, des yeux plus doux, des mains de moindre dimension. Elle paraît avoir une quarantaine d'années, est assise sur un bloc de granit, et expose au feu une forte pièce de viande, embrochée dans un bâton de bois vert dont les bouts reposent sur deux piquets fourchus enfoncés dans le sol.

Auprès d'elle se tient debout un homme un peu plus âgé, plus haut et plus épais de taille, dont le visage rude est entouré d'une chevelure épaisse et noire qui descend jusqu'à ses épaules, et dont la lèvre supérieure et le menton sont garnis de poils courts et peu touffus. Par des liens serrés et nombreux, il achève de rapprocher solidement, autour du côté le plus épais d'une plaque de jade, dont l'autre bord s'amincit en tranchant, les deux parois d'une fente qu'il a pratiquée au bout d'un fort bâton, et il considère d'un œil satisfait la belle hache qu'il vient d'ajouter à ses armes.

Le troisième personnage de la petite scène offerte à nos regards, est le fils des deux précédents, et n'a que dix-neuf ans à peine ; mais il est déjà grand, robuste et fort comme son père, dont il ne diffère que par un visage plus juvénile, moins rudement accentué et encore imberbe. Assis, comme sa mère, sur un débris de roc, il façonne en trompe d'appel ou d'alarme, une corne d'aurochs. Avec le bord tranchant d'un silex, il a scié et coupé la pointe massive de cette corne ; dans l'ouverture étroite qu'il a obtenue ainsi, il pousse et fixe solidement un fragment d'os court, aplati d'un côté, taillé en biseau vers l'orifice, et introduit par le gros bout de la corne qu'un souffle puissant rend alors capable de produire des sons rauques et intenses.

Les trois opérations qu'ont suivies nos regards, s'achèvent presque au même moment ; la trompe du fils est sonore, la hache du père solide et lourde, et le rôti de la mère cuit à point. On dépose celui-ci sur un quartier de roc autour duquel on s'assied, et on le dépèce par morceaux dont chaque convive se nourrit abondamment. La consommation de la viande est suivie de celle d'une copieuse quantité d'eau fraîche que le fils est allé puiser à une source voisine, dans deux crânes de loup, auxquels lui et ses parents boivent à leur guise.

Le repas a été presque aussi silencieux que le travail qui l'a précédé, car ces gens, ayant peu d'idées nouvelles à se communiquer, causent peu, et la conversation ne s'anime guère parmi eux que pour raconter des accidents ou des dangers survenus dans leurs chasses.

La journée tirait à sa fin, et à travers le voile de l'obscurité naissante, on commençait à distinguer les feux entretenus devant les rares habitations dispersées de loin en loin à la base des montagnes qui encadrent la vallée. Avant même que la nuit ne fût complètement tombée sur celle-ci, la petite famille qui attire notre attention, s'est retirée dans sa demeure, et s'y est livrée au sommeil, après avoir toutefois donné de nouveaux aliments au brasier qui en précède l'ouverture.

Si les Primitifs que nous venons d'observer pendant un moment, ont pu nous inspirer quelque intérêt, il est bon que nous soyons plus éclairés sur leur existence passée.

Un vieillard était mort dans une des habitations du val d'Orbey, et sa famille, voulant procéder à ses funérailles avec tout le cérémonial usité dans ces circonstances, avait fait convoquer, de proche en proche, tous les habitants de cette partie des Vosges. Quoique l'un de ceux-ci, la femme habituellement, fût toujours retenu dans chaque demeure par la nécessité de garder les enfants, d'entretenir le foyer et d'éviter les déprédations des bêtes féroces, l'assemblée avait été assez nombreuse et comptait même dans son sein quelques filles de la vallée.

Après l'accomplissement des obsèques célébrées en l'honneur du mort, une vingtaine de ses congénères assistèrent au repas commun qui devait terminer cette fête funéraire. Parmi les invités se trouvait une jeune fille agée d'une vingtaine d'années et l'une des plus belles de sa race. Elle s'appelait *Belette* et avait attiré l'attention d'un jeune homme, un peu plus âgé qu'elle, considéré comme le plus hardi et le plus habile chasseur du pays, et qu'on désignait par le nom de *Tueur-d'Ours*, en souvenir de la dangereuse victoire qu'il avait remportée sur l'un de ces animaux, dont la taille et la force dépassaient considérablement celles de nos plus grands ours modernes.

Dans le cours de la journée, *Tueur-d'Ours* s'était plusieurs fois approché de *Belette*, et ils avaient échangé quelques paroles. Pendant le repas, il s'assit auprès d'elle, et avant que la tombée de la nuit ne séparât les convives, il apprit son nom, son âge et sa demeure. Il sut aussi qu'elle le reverrait avec plaisir chez ses parents, seuls objets de son affection.

Il n'en fallait pas davantage au jeune chasseur vosgien, et au bout de peu de jours, après avoir informé sa famille de ses intentions, il partit dès l'aube pour se rendre auprès de celle qu'il était décidé à prendre pour compagne.

Il avait mis son plus beau vêtement, fait avec la pelisse de l'ours auquel il devait son nom, avait couvert sa tête du pelage fauve d'un renard, laissant déborder de cette coiffure ses longs cheveux noirs, et s'était chaussé de peaux de loup neuves, bien relevées et serrées autour et au-dessus des chevilles. Une hache pendait à sa ceinture, un arc et des flèches étaient suspendus à son épaule gauche et un épieu armait sa main droite.

Quoique sa marche fût un peu lourde en apparence, elle était rapide et ferme, et malgré les détours qu'il fut obligé de faire pour éviter de nombreux obstacles, et quelques moments employés à surprendre et tuer un beau chevreuil, il ne mit que quatre heures pour arriver au fond de la vallée, à la demeure du *Vieux-Chêne*, le père de *Belette*. Il y trouva, réunis en groupe et diversement occupés, les parents de celle-ci, et sa sœur, *Feuille de Chêne* encore adolescente.

A son approche, l'aînée des jeunes filles

s'avança vers lui avec un sourire de bienvenue et le débarrassa du gibier qu'il portait sur son épaule. S'adressant alors au chef de la famille, le jeune chasseur lui dit : « Je m'appelle *Tueur-d'Ours* et j'habite chez mes parents, à l'entrée de la vallée, non loin de la plaine. J'ai vu *Belette* aux dernières funérailles. Elle m'a dit que je lui ferais plaisir en venant vous voir. Je suis venu et vous remets ce chevreuil que j'ai rencontré sur mon chemin. — Je suis content aussi de vous voir, répondit *Vieux-Chêne*, car on m'a dit que vous êtes un bon et courageux chasseur; déposez vos armes et reposez-vous auprès de nous ». Puis il ajouta, après un instant de silence : Que voulez-vous de moi ? — « Je veux *Belette*, dit *Tueur-d'Ours* en jetant un regard affectueux sur la jeune fille, dont le visage hâlé s'éclaira d'une naïve expression de joie. Elle m'a plu dès que je l'ai vue, et depuis que nous avons causé ensemble, je désire l'avoir pour femme. Si elle y consent j'aurai soin d'elle, et elle vivra dans l'abondance, car mes flèches et mon épieu, écarteront toujours la faim de mon habitation. *Belette*, voulez-vous y venir avec moi? et vous, *Vieux-Chêne* y consentez-vous? » — Si vous promettez d'être bon et affectueux pour elle, comme on assure que vous l'êtes pour vos parents, vous pouvez la prendre, répondit *Vieux-Chêne*, dès que vous aurez un logis pour la recevoir. » Aussitôt, *Tueur-d'Ours* prit amicalement les mains de *Vieux-Chêne*, de sa femme et de la jeune *Feuille-de-Chêne*, et prit dans ses bras *Belette*, qui s'y pressa avec abandon. Il passa le reste du jour, dans la famille à laquelle il venait de se lier, et la nuit venue, prit part à son repos auprès de *Belette*.

Le lendemain de ces courtes et brutales fiançailles, *Tueur-d'Ours* retourna auprès de ses parents, leur apprit le résultat de sa course de la veille, et se mit à la recherche de l'habitation qu'il devait établir pour son futur ménage. Non loin de celle de son père, il trouva un endroit propice, et eut bientôt fait de l'approprier à ses besoins.

Son père et lui se rendirent alors chez *Vieux-Chêne*, où, en présence de quelques voisins, les parents des deux jeunes gens constatèrent leur union, qui fut suivie du repas usité dans les circonstances semblables. *Belette* fut reçue avec affection par la mère de *Tueur-d'Ours*, et se rendit avec celui-ci dans la demeure qu'il lui avait préparée, et où ils vécurent ensemble pendant la vingtaine d'années qui avaient précédé celle où nous les y avons vus, avec leur fils que la précocité de ses forces avait fait surnommer *Bras-Dur*.

Durant cette longue période de leur existence dure et laborieuse, mais heureuse cependant, ils n'avaient eu à subir qu'une seule douleur imprévue ; le premier-né de leurs deux garçons s'était, à l'âge de quatre ans, dérobé un moment à la surveillance de sa mère et écarté à une centaine de pas du foyer paternel ; il fut surpris, saisi, emporté et dévoré par des loups. Le chagrin que sa mort causa à ses parents, fut adouci par le temps et par l'affection et les soins dont ils entouraient le second de leurs deux enfants.

Quelques jours après celui où nous les avons vus réunis à *Belette* devant la grotte qu'ils habitaient, *Tueur-d'Ours* et son fils se disposaient à partir pour la chasse, lorsqu'ils entendirent une trompe d'appel, dont le son venait d'un point plus avancé vers le fond de la vallée. C'était un signal bien connu d'eux, et qu'ils propagèrent à leur tour en se portant à quelque distance dans une direction contraire vers la plaine.

Pendant qu'ils agissaient ainsi, les flancs des montagnes opposées répercutaient de loin en loin des sons semblables dirigés dans le même sens. Ce qui se passait ainsi résultait d'une convention faite entre les Primitifs du grand-val d'Orbey, et d'après laquelle celui d'entre eux qui avait besoin du secours des autres sonnait un ou plusieurs coups de trompe, que ceux-ci répétaient de distance en distance, d'habitation en habitation. Après avoir accompli ce premier devoir, chacun se mettait en marche vers le lieu d'où lui était venu le signal, et ils finissaient ainsi par se trouver tous réunis au point d'où il était parti d'abord. C'est ce qui, comme d'habitude, se produisit, cette fois encore, et, en moins de trois heures, une quinzaine de Primitifs vosgiens étaient rejoints auprès d'une habitation située à peu de distance du col par lequel s'ouvre dans la grande vallée l'étroit et haut vallon dont la partie supérieure porte aujourd'hui le riant village de Frélan. Ils furent informés par le maître de l'habitation indigène qui portait le nom de *Gros-Aigle*, en quelques paroles aussi précises que concises, de la présence d'un grand tigre qu'on avait vu plusieurs fois dans les dernières soirées, sortir du bois dont les épais fourrés couvraient la gorge du vallon, descendre dans la vallée et venir boire au torrent qui la parcourt dans toute sa longueur, depuis les lacs jusqu'à la plaine ; et qu'après s'être désaltéré, il retournait sur ses voies, laissant ainsi des pistes assez nombreuses, pour former une véritable sente jusque dans les taillis d'où il avait pris l'habitude de sortir.

La connaissance de ces faits fut l'objet d'une délibération que terminèrent en peu de temps les gens plus habitués à agir qu'à discourir, qui venaient d'en être instruits.

D'un commun accord, ils décidèrent d'attaquer et combattre sans relâche le féroce et terrible félin, jusqu'à ce qu'il fût tué ou ait quitté les lieux d'alentour. Pour arriver à ce résultat, les chasseurs devaient se diviser en deux groupes, l'un formé de ceux venus de la partie supérieure de la vallée et l'autre de ceux venus de la partie inférieure ; chacun d'eux devait, vers la fin du jour, s'arrêter sous bois, à deux ou trois cents pas de la gorge du vallon, et attendre qu'ils en aient vu sortir le tigre ; puis, dès qu'il se serait éloigné vers la rivière s'avancer rapidement et se poster des deux côtés de la sente qu'il avait pris l'habitude de suivre, y déposer à cinquante pas en avant de leur double poste d'affût quelque fort quartier de gros gibier, et au moment où il le saisirait pour l'emporter dans sa tanière, lui lancer leurs volées de flèches et aussitôt se mettre rapidement en retraite. Ces manœuvres devaient être exécutées dès le lendemain, et être renouvelées journellement jusqu'à la mort ou la disparition de celui qui en était l'objet.

Organisé comme il vient d'être dit, l'affût projeté fut impraticable pendant les trois soirées suivantes, dont la clarté crépusculaire était transformée par un épais brouillard, en profondes ténèbres, que troublèrent seuls quelques rugissements sourds poussés par le tigre pendant son excursion à l'abreuvoir. Il n'eut pas plus de succès le quatrième soir, car l'obscurité du ciel chargé de lourds nuages, permit à peine aux chasseurs d'entrevoir l'animal à sa sortie du bois, sans leur laisser distinguer la direction qu'il prenait, et, à plus forte raison, celle qu'il suivrait à son retour.

Le temps fut plus favorable le cinquième jour ; l'atmosphère était claire, et les ombres du crépuscule furent assez légères pour permettre de distinguer à plus de cent pas les objets de moyenne dimension. Une heure avant la chute du jour, les chasseurs étaient revenus à leurs postes respectifs ; d'un côté, il y en avait sept, guidés par *Gros-Aigle*, et de l'autre, il s'en trouvait huit qui se placèrent sous la direction de *Tueur-d'Ours*. Tous immobiles, silencieux et cachés dans le fourré de la lisière du bois, attendirent patiemment que le soleil eût disparu derrière les hautes cimes des Vosges, et bientôt après, leurs regards anxieusement fixés sur l'espace réservé entre leurs deux groupes, virent le *grand-tigre* sortir du bois sur la sente qu'il avait l'habitude de suivre, s'arrêter un instant, puis, confiant dans sa force supérieure et méprisant tout danger, descendre lentement vers la rivière, en foulant les hautes herbes de la prairie que traversaient les eaux torrentueuses.

Aussitôt, les chasseurs se glissèrent rapidement à travers le taillis, et vinrent de chaque côté se placer à une trentaine de pas de la sente sur laquelle ils déposèrent un quartier de sanglier, à une distance un peu plus grande et en dehors du bord de la futaie sous laquelle ils se tinrent de nouveau cachés et immobiles.

Tout courageux et résolus qu'ils fussent, ils éprouvaient une vive émotion à l'approche du dangereux combat qu'ils allaient livrer, et ils désiraient ardemment en voir la fin. Elle ne pouvait tarder longtemps. Après s'être largement désaltéré, le tigre revint sur ses voies ; à une centaine de pas de sa *rentrée* sous bois, il s'arrêta et sembla éventer la présence de ses ennemis, portant successivement ses regards à droite et à gauche vers les deux côtés où ils étaient postés ; puis, ne les ayant pas aperçus et flairant au même moment les effluves émanés de l'appât qu'on lui avait préparé, il s'avança en rampant d'abord vers la proie qu'il voulait surprendre, et quand il en fut assez près, fit un bond formidable et la saisit de la gueule et des griffes. Etonné d'abord de ne pas la voir entière et vivante, il la prit cependant dans ses robustes mâchoires, l'enleva de terre et s'avança pour la porter et la dévorer dans son repaire.

C'était le moment attendu par les chasseurs. Dès qu'il eut fait quelques pas vers le bois, ils lui lancèrent leur double volée de flèches et se mirent en retraite. Trois seulement d'entre eux restèrent encore un moment et ne s'enfuirent qu'après lui avoir chacun décoché un second trait.

Dans ses flancs et ses épaules, le tigre portait de chaque côté cinq ou six flèches profondément pénétrées mais insuffisantes pour l'abattre ; ivre de douleur et de rage, il laissa tomber la proie perfide qu'il portait, et brisa de ses dents deux ou trois des hampes attachées à son corps ; il en éprouva d'atroces souffrances et sentant son impuissance à arracher ces traits qui le blessaient si cruellement, il poussa un rugissement de fureur, et se lança à la poursuite des trois chasseurs retardataires, dont le départ avait causé un bruit parvenu jusqu'à lui. Il les eût certes rattrapés en quelques bonds, si sa course n'avait pas été retardée par les chocs continuels que recevaient dans les broussailles et les taillis, les flèches dont il était hérissé. Malgré cet obstacle et la perte du sang qui ruisselait de ses plaies, il fut bientôt à portée de deux des hommes qu'il poursuivait et qui étaient *Tueur-d'Ours* et *Bras-dur*.

Certain du danger imminent qu'ils couraient ensemble et espérant sans doute assurer le salut de son fils, *Tueur-d'Ours* se résolut à tenter une lutte suprême avec le tigre : il s'arrêta subitement, mit genou à terre au pied d'un arbre, auquel il s'adossa et, baissant la tête, croisant sa pique dans la direction du fauve, attendit le choc de celui-ci. Quelques instants après, l'homme était écrasé sous le poids du tigre frappé d'une nouvelle blessure, mais vivant encore et déchirant de ses griffes et de ses dents les fourrures qui couvraient le corps de sa victime. Au même moment le jeune *Bras-dur* ne voyant et n'entendant plus son père auprès de lui, se retourne, s'arrête, et le voit livré à la férocité de l'animal qui s'acharne sur son corps ; sans hésiter, il se précipite sur cette effroyable bête, la frappe d'un coup d'épieu au défaut de l'épaule, évite d'un saut de côté le mouvement qu'elle fait pour le saisir, et deux fois encore lui plonge son arme dans le flanc ; elle s'affaisse enfin, épuisée de force et de sang, et exhale un dernier et pénible rugissement.

Tueur d'ours est mort, ayant eu la nuque brisée sous le choc du tigre ; son fils l'a retiré de la mare de sang qui baignait les deux cadavres, a rappelé les autres chasseurs, par quelques sons de trompe, et se voit bientôt entouré d'eux.

Ils mirent peu de temps à construire deux brancards sur lesquels ils transportèrent séparément l'homme et le tigre morts à la demeure de *Belette* qui, déjà prévenue par son fils, se livrait aux manifestations d'un profond chagrin. Pendant toute la nuit, elle gémit sur les restes de son mari, auprès duquel elle s'était jetée, sans prêter aucune attention à ce qui se passait autour d'elle.

Le jour venu, elle fut soulevée et soutenue par *Bras-Dur*, dont les compagnons avaient, dans les heures précédentes, retiré leurs flèches du cadavre de leur ennemi, enlevé sa peau, et préparé dans une anfractuosité de rocher la niche funéraire, dont ils fermèrent ensuite l'ouverture avec un bloc de pierre, après y avoir introduit le corps de *Tueur-d'Ours*, enveloppé dans la fourrure déchirée et sanglante de l'animal qu'il avait si vaillamment combattu la veille.

4.

Pendant le repas des funérailles qui succéda à l'inhumation, et auquel la chair du tigre ne fut pas étrangère, *Gros-Aigle* fit en quelques mots l'éloge du courage et du dévouement réciproque dont avaient fait preuve le père et le fils, et proposa d'en conserver le souvenir en donnant à l'avenir à ce dernier le nom de *Tigre-à-Mort*.

QUATRIÈMES VUES

Age du renne. — Déluge glaciaire. — Nouvelle race humaine ; origine aryenne. — Age de la pierre polie, monuments mégalithiques, murs payens des Vosges. — La guerre. — Habitations lacustres. — Progrès. — Commencement de culture; animaux domestiques. — Découverte du bronze. — Episode caractéristique : *Tamal et Misie*.

Malgré l'extrême lenteur avec laquelle la période glaciaire continuait à suivre sa phase décroissante, d'assez grands changements se produisaient à la surface de la contrée comprise entre la Manche, l'Atlantique, les Pyrénées, la Méditerranée, les Alpes, le Jura et le Rhin, cette petite partie de la terre qui devait devenir plus tard la France et la Belgique.

Le climat y devenait plus doux. Les glaciers des montagnes les moins élevées diminuaient et disparaissaient peu à peu, et de nombreux végétaux s'emparaient des sommets, des pentes et des vallons qu'ils laissaient à découvert. Les eaux qu'ils produisaient par leur fonte, modifiaient la forme des vallées, et y répandaient de nouveaux dépôts qui s'étendaient jusque dans les plaines voisines.

Le cerf à bois gigantesques, le grand-ours, la hyène des cavernes, le rhinocéros et l'hippopotame avaient cessé d'exister, et le grand-tigre et le mammouth disparaissaient à leur tour de cette partie de l'Europe que peuplèrent alors principalement le renne, le cheval et de nombreuses espèces de carnivores et d'herbivores de petite taille.

Jouissant d'une plus grande sécurité et de conditions climatériques plus favorables, le genre humain eut la vie plus facile. Au lieu de chercher son refuge presque uniquement dans les cavernes, il multiplia ses habitations sous les abris en plein air, ou dans des huttes construites de sa main et dans l'intérieur desquelles il parvint à aménager convenablement le foyer nécessaire à ses besoins.

Au lieu d'être, par la force des choses, nécessairement dispersées et séparées les unes des autres, ces habitations purent dès lors être rapprochées en petits groupes, se prêtant mieux ainsi au penchant instinctif de sociabilité que possède l'homme, et qui est à la fois la base et le moyen de sa perfectibilité. C'est ainsi que purent, à certains temps postérieurs, s'établir en quelques points de véritables fabriques d'outils en silex taillé, premier germe d'industrie, et comme premières relations commerciales, l'habitude de chercher dans quelques pays et surtout en Champagne, pour les transporter dans les lieux qui en étaient dépourvus, les silex nécessaires à la confection de ces instruments.

Les aborigènes contemporains du renne ne se contentèrent pas de façonner avec le silex les objets qui leur étaient nécessaires, ils en confectionnèrent un grand nombre avec des bois et des os de cet animal ; et comme l'abondance des produits de leur chasse leur donnait de faciles loisirs, ils parvinrent à les perfectionner et à en faire de nouveaux dont les petites dimensions et la délicatesse des formes exigeaient une incontestable habileté, tels que des aiguilles, des poinçons, des pointes de flèche barbelées, des hameçons, des manches de couteaux et de poignards, et diverses sortes d'ornements.

L'amélioration de leurs ustensiles de chasse et de ménage ne leur suffit pas, et ils sentirent naître en eux le goût des arts, dont on retrouve les vestiges dans un grand nombre de dessins tracés en creux, sur des bois de renne, des débris d'ivoire ou des plaques de pierre lisse, et représentant différents animaux et même des hommes.

Ils avaient abandonné les lourdes fourrures d'aurochs, d'ours et de loups pour des vêtements plus légers façonnés avec des peaux de renne, qu'ils savaient dépouiller de leurs poils avec des grattoirs ou racloirs, et dont ils assuraient la souplesse et la conservation en les imprégnant de moelle et de matière cérébrale.

Ils se nourrissaient principalement de la chair des rennes et des chevaux qui habitaient le pays en troupeaux considérables.

Ils n'inhumaient plus leurs morts isolément dans des crevasses de rochers, comme faisaient leurs prédécesseurs; mais ils en déposaient successivement plusieurs, côte à côte et en rangs superposés, dans des cavités plus spacieuses qu'ils fermaient avec des dalles rocheuses, après y avoir placé auprès de chaque nouveau cadavre ses armes habituelles et même quelque provision alimentaire, ce qui tendrait à prouver qu'ils le croyaient prêt à continuer, sous d'autres conditions, la vie qu'il venait de quitter. Les assistants aux obsèques conservaient l'usage de les célébrer par le festin des funérailles.

Tel était l'aspect général de la région dont les pages précédentes ont décrit les diverses transformations successives, lorsqu'un nouveau cataclysme vint les modifier une fois encore. Tandis que jusqu'alors les rigueurs de la période glaciaire ne s'étaient adoucies que faiblement, il survint tout à coup, et sans doute par un réchauffement subit de la surface du globe, une fonte simultanée et instantanée de toutes les glaces qui couvraient une grande partie de l'Europe, ne laissant subsister que celles qui chargeaient et chargent encore les sommets les plus élevés des plus hautes montagnes. L'incommensurable masse d'eau, produite ainsi à la fois sur tous les points, causa un écoulement formidable qui bouleversa le sol de toutes parts, ravagea les vallées et les plaines, y creusa de profonds ravinements et y transporta de vastes dépôts de cailloux roulés, de limon et de terres meubles. Le *lehm*, ou *terre à brique*, qui couvre une partie des vallées du Rhin et du Rhône, est-il dû à cette seule cause, ou n'a-t-elle fait qu'accroître le dépôt qui s'était formé d'abord par le soulèvement du principal et dernier massif des Alpes? Quoi qu'il en soit, cette formation diluvienne y atteint une grande épaisseur et s'étend jusque dans une partie considérable de la Belgique.

Le déluge européen, dû à la fonte immédiate des glaces qui mit fin à la période glaciaire, a fait disparaître de cette contrée, soit par destruction, soit par émigration, un grand nombre d'animaux qui y existaient et la race d'hommes qui avait d'abord été contemporaine des mammouths et ensuite des rennes; et si quelques individus de cette race, que rappelle aujourd'hui le type des Esquimaux, ont pu échapper à ce désastre diluvien, ils se sont noyés et annulés dans la nouvelle famille humaine qui apparut alors dans les contrées où ils avaient vécu.

Les savants sont d'accord pour considérer ces nouveaux habitants européens comme des aborigènes du Caucase, chassés de leur pays par le froid qui s'abattit sur ses hautes montagnes, et dont une partie arriva jusqu'en Europe pour y succéder, sous le nom générique d'*Aryens*, aux *Primitifs* qui y avaient existé jusqu'alors.

Il est inutile de décrire ici le visage, la physionomie et la stature de cette race caucasique, puisqu'elle s'est conservée jusqu'à nos jours et constitue, avec quelques légères variétés, dépendantes des climats et des habitudes contractées dans les divers pays, tous les caractères de la race moderne.

Aux premiers temps de leur apparition en Europe, ces hommes nouveaux ne vécurent guère différemment ni mieux que ceux qu'ils y avaient remplacés, mais ils parvinrent, peu à peu, à améliorer leur sort. Sur les côtes maritimes, ils se nourrissaient en grande partie de coquillages et de poissons, comme le prouvent les amas qu'ils faisaient de leurs restes mêlés à d'autres débris de provenance humaine, et qu'on a retrouvés dans le Pas-de-

Calais et surtout en Danemark. Aux bords des lacs et des rivières ils surent, à la longue, ajouter aux produits de leur chasse, ceux de leur pêche, car ils avaient fini par fabriquer des filets et construire des canots creusés dans des troncs d'arbres, et dont plusieurs ont été découverts enfouis dans des dépôts d'origine fluviale ou lacustre et dans des tourbières dont la formation est postérieure à celle des derniers terrains diluviens. Le renne, confiné dans le nord, avait disparu de nos régions, et le cheval ne les peuplait plus de ses nombreuses cohortes; mais les chasseurs se procuraient abondamment le cerf commun, le chevreuil, le sanglier et une foule d'autres gibiers à poils ou à plumes, et il paraît constaté que dès ce temps-là ils avaient été assez habiles pour asservir et s'attacher le chien. L'ours brun et le loup étaient les seules bêtes féroces qu'ils eussent encore à redouter et à combattre. L'adoucissement du climat ne leur imposait plus la nécessité de s'envelopper entièrement de lourdes fourrures, comme du temps des mammouths, ni même des vêtements plus légers fabriqués avec les peaux des rennes par les contemporains de ceux-ci, et ils purent se contenter de couvrir leurs épaules et leurs reins de la dépouille plus souple et moins épaisse des chevreuils et d'autres animaux de petite taille.

L'influence des conditions nouvelles qui favorisaient la région moyenne des contrées occidentales de l'Europe, y favorisa les progrès de ses habitants. Ils augmentaient en population, amélioraient leurs demeures, transformaient leurs abris en plein air et leurs huttes sauvages en constructions plus solides qui prirent l'aspect de chaumières faites de troncs et de branches d'arbres, et les rassemblaient en groupes, premiers fondements des clans, tribus et peuplades.

Ce qui caractérise surtout cette époque de l'humanité, c'est le perfectionnement de l'outillage qui n'avait consisté, jusqu'alors, qu'en silex bruts et en quelques rares objets tirés des bois de rennes, tandis qu'à partir de ce temps il ne fut plus confectionné qu'en pierre polie et en bois de cerf habilement ouvragé. Les haches, les couteaux, les scies, les pointes de flèches, de javelots et de piques ne furent plus fabriqués qu'en silex à surface polie, et ceux de ces instruments dont l'usage s'y prêtait étaient adaptés à des manches ou à des douilles en bois de cerf habilement ouvrées dans ce but. C'est ainsi qu'une hache, par exemple, consistait en une forte lame de silex polie, bien affilée, et solidement engagée dans une douille en bois de cerf, dont un trou percé à quelque distance de cette première extrémité servait à recevoir, à angle droit, le manche en bois solide et dur.

Les bois de cerf et quelques autres matières osseuses furent exploités avec beaucoup plus d'habileté et d'art que ne l'avaient été précédemment les bois de renne, et servirent à la confection d'un grand nombre de petits outils et d'ornements. Parmi ces témoignages du travail humain dans ces temps si éloignés de nous, il nous reste à signaler les débris des premiers ustensiles en terre cuite ou poterie.

C'est à l'âge de la pierre polie que remonte la construction des dolmens, des menhirs et des cromlechs, ces monuments antiques qu'on a longtemps attribués aux Celtes et désignés sous le nom de pierres druidiques, et que les objets découverts dans leurs enceintes démontrent avoir appartenu à la race préhistorique que rappellent les pages précédentes.

Les *dolmens* étaient de larges dalles de rochers superposés à des piliers qui les soutenaient, de manière à en faire des espaces couverts et même des galeries prolongées, dans lesquels on ensevelissait les morts, tantôt isolément, tantôt en nombre plus ou moins considérable. On les couvrait alors de terre, et on formait ainsi des monticules arrondis qui portent le nom de *tumulus* et dont plusieurs atteignent de fortes dimensions.

Près de ces lieux de sépulture on élevait souvent, dans une position verticale, de grands piliers de roc appelés *menhirs*, et lorsque ceux-ci étaient disposés circulairement ou rectangulairement autour d'un tumulus, l'enceinte qu'ils formaient ainsi prend le nom de *cromlech*. Ces imposants témoignages des travaux qu'exécutèrent les hommes des derniers temps préhistoriques ne sont nulle part plus nombreux qu'en Bretagne, où l'on trouve aussi, près de Carnac, le célèbre champ des *Pierres levées* qui forment onze rangées parallèles de colonnes de pierre dressées verticalement et s'étendant sur une longueur d'un kilomètre.

A ces constructions mégalithiques de l'époque de la pierre polie, il faut ajouter celles qu'on a découvertes sur différents points de notre région et qui ont certainement servi de fortifications défensives aux hommes qui les ont établies pour assurer leur sécurité. Ces camps retranchés, dont plusieurs existent dans quelques localités belges, sont élevés la plupart sur des hauteurs qui dominent des vallées escarpées, et consistent en larges murailles construites en grands blocs de rochers superposés et juxtaposés sans ciment.

A ce genre de travaux défensifs appartient certainement celui qui, sous le nom de *Mur payen*, s'étend sur plusieurs de nos montagnes des Vosges, et dont une partie se trouve près du *Tennichel*, au-dessus de la vallée de Ribeauvillé. Là, sur une longueur de deux kilomètres, on voit encore avec étonnement d'énormes blocs de pierre, alignés et superposés de manière à former une muraille dont la largeur et la hauteur varient entre deux et trois mètres, et qui, sur plusieurs points, s'appuie contre la base d'immenses rochers qui y figurent comme des tours.

Une partie du *Mur payen*, plus imposante encore que la précédente, occupe une étendue d'une quinzaine de kilomètres, sur les crêtes vosgiennes voisines de celle où s'élève l'antique monastère de Sainte-Odile; comme au

Tennichel, le mur cyclopéen est formé de puissants rochers, alignés, juxtaposés et superposés à contre-points, et présentant quelquefois des trous destinés sans doute à le relier par des crampons en bois.

Ces formidables constructions mégalithiques alsaciennes dont on trouve encore des débris sur plusieurs autres sommets des Vosges, étaient-elles indépendantes les unes des autres et n'appartenaient-elles qu'à des enceintes fortifiées partielles, ou faisaient-elles partie d'une ligne commune de fortifications, établie au-dessus des principales gorges vosgiennes, c'est ce qu'il n'est guère possible de déterminer ; mais elles prouvent surabondamment qu'à l'époque de la pierre polie, l'Alsace, était habitée par une population assez nombreuse et assez énergique pour exécuter des travaux aussi considérables et si étonnants au point de vue de la pénurie des moyens mécaniques qu'ils exigeaient.

Malheureusement elles prouvent aussi qu'en

Alsace, comme dans les autres pays, où l'on a retrouvé des restes d'enceintes fortifiées, les habitants étaient exposés aux maux de la guerre.

Cette funeste plaie de l'humanité se produit en effet, aussitôt qu'il se forme, à quelque distance les uns des autres, des groupes d'hommes que des liens communs ne rattachent pas entre eux. Le contact accidentel et passager de quelques individus appartenant à deux de ces groupes différents, suffit pour donner lieu à des querelles, des rivalités et des haines qu'adoptent bientôt tous les membres de la peuplade. Il n'existe pas d'ailleurs de communauté d'hommes sans que l'un d'eux au moins ne parvienne à y dominer par la supériorité de sa force, de son courage ou de son intelligence. Il devient alors le chef de ses compagnons et cherche sans cesse à augmenter son autorité sur eux et à étendre sa domination au détriment de leurs voisins. C'est ainsi que durent se produire les premières guerres entre les hommes préhistoriques, quoiqu'ils n'y fussent entraînés ni par l'ivresse, dont ils ignoraient les excès, ni par l'envie réciproque de se ravir des richesses dont ils étaient également dépourvus.

Ce qui précède fait comprendre aisément les sanglants débats qui éclatèrent un jour entre deux tribus qui habitaient séparément les deux extrémités de la belle et pittoresque vallée vosgienne de Saint-Amarin. L'une d'elles en occupait le fond, au-dessus du lieu où, dans les prés qui s'étendent entre les deux flancs des montagnes, la *Thur* se précipite en large et haute cascade dans un bassin rocheux connu de nos jours sous le nom de *Heyden-bad* ou *Bain des payens*. Par allusion au nombre des terriers de blaireaux, fréquents dans ces parages, le petit clan du chef *Kérad* avait pris la dénomination de *Blairaks*. A une vingtaine de kilomètres de là, plus près de la plaine et non loin des emplacements actuels de la ville de Thann et du village de Wattwiller connu par ses eaux minérales comme station balnéaire, habitait la seconde tribu, un peu moins considérable que la première et soumise à l'autorité patriarcale de *Faroc*. La chasse qu'elle faisait avec succès aux castors, dans les étangs formés sur les bords de la Thur, à l'entrée de la vallée, par les eaux des côtes voisines et les débordements de cette rivière, lui avait fait prendre le nom de *Castrins*.

Un jour que des hommes de cette tribu chassaient dans la partie *centrale* de la vallée, ils virent un cerf déboucher de la lisière du bois où ils allaient pénétrer. Ils étaient assez près de l'animal pour pouvoir lui lancer leurs flèches, dont deux suffirent pour l'abattre ; aussitôt ils se précipitèrent sur lui et l'achevèrent d'un coup de hache sur le crâne. Ils s'aperçurent alors qu'il portait près de sa croupe le tronçon brisé de la hampe d'une troisième flèche dont il avait dû être frappé peu de temps avant, comme le prouvait la fraîcheur de la plaie. Sans se préoccuper de ce fait, et après s'être reposés assez longtemps auprès de leur victime, ils s'apprêtèrent à l'emporter lorsqu'ils virent s'avancer vers eux d'un pas rapide, trois chasseurs de la tribu des *Blairaks*. Ceux-ci avaient suivi à la piste, pendant près de deux heures, le cerf qu'ils avaient blessé, et qu'ils prétendirent devoir leur appartenir, incapable qu'il eût été d'échapper à leur poursuite. Les Castrins leur firent observer que la blessure n'était pas assez grave pour que l'animal qui l'avait reçue ne pût pas conserver sa liberté et peut-être même sa vie, et que, par conséquent, il était la propriété de ceux qui l'avaient tué.—Les prétentions contraires des deux petits groupes de chasseurs causèrent une discussion qui devint de plus en plus vive, se transforma en querelle et en injures, et finit par une rixe violente dans laquelle un des Castrins fut blessé et forcé de fuir avec son compagnon qui le ramena, faible et sanglant, au séjour de leur clan.

L'arrivée de ces deux hommes y produisit

une grande effervescence. L'indignation et la colère y éclatèrent de toutes parts, et l'exaspération n'eut de bornes que dans la résolution d'une prompte vengeance.

D'autre part, les Blairaks ne furent pas sans prévoir les représailles auxquelles ils devaient s'attendre, et ils jugèrent nécessaire de prendre des mesures défensives. Leurs baraquements étaient adossés au pied de la montagne et appuyés de ce côté contre de hauts rochers, sur lesquels ils amassèrent de lourdes pierres destinées à être lancées sur les ennemis qui voudraient s'en approcher. Pour garantir les abords de leur station, du côté de la vallée, ils les couvrirent de barricades formées d'arbres abattus et rangés en ligne serrée. Malgré la promptitude avec laquelle ils exécutèrent ces travaux, ils avaient à peine achevé lorsque les batteurs d'estrade qu'ils avaient dispersés dans la vallée, se replièrent vers leurs habitations pour y annoncer l'arrivée de leurs ennemis.

En effet, une troupe d'une trentaine de Castrins s'était avancée pendant la nuit, dans l'espoir de surprendre aux premières heures du jour la station des Blairaks dont ils s'étaient approchés silencieusement sous bois. Croyant leurs adversaires sans défiance et sans défense, ils s'élancèrent vers les habitations qu'ils savaient accessibles du côté de la vallée ; mais ils furent arrêtés par la barrière d'arbres qu'on y avait établie et par les décharges de flèches qui les avertirent de l'échec de leur tentative de surprise et de la nécessité de combattre. Ils le firent bravement, et à travers les branchages de la barricade, les flèches blessaient et tuaient les défenseurs et les assaillants. Du côté de la montagne, l'attaque ne fut pas plus heureuse, et les quartiers de roc que les Blairaks lançaient du haut des rochers qui le dominaient, les préservèrent de toute approche. Le combat se trouvait ainsi réduit à une lutte d'archers et devait nécessairement finir par la retraite des Castrins.

L'un de ceux-ci, *Tamal*, fils de leur chef Faroc, et dont ses compagnons avaient remarqué l'activité et le courage, entraîna alors quelques-uns d'entre eux vers le flanc de la montagne, et le leur fit gravir pour atteindre le sommet des rochers occupés par les assiégés et les en expulser par un combat dont le succès devait assurer la victoire des Castrins. Les quelques hommes qui exécutèrent ce mouvement, l'accomplirent en arrivant sur les rochers dont ils voulaient s'emparer ; mais ils y trouvèrent des ennemis plus nombreux qu'ils n'étaient eux-mêmes, et qui les forcèrent à fuir après un combat corps à corps, en abandonnant Tamal gisant évanoui sur le sol et blessé d'un coup de hache à la poitrine.

Repoussés ainsi sur tous les points de leurs attaques, les Castrins se mirent en retraite et retournèrent vers leurs habitations, emportant deux morts et cinq blessés, et laissant entre les mains de leurs vainqueurs le corps de Tamal.

Le brave jeune homme que quelques heures venaient de transformer de chasseur en guerrier, restait à la merci de ceux qu'il venait de combattre si vaillamment. Il était privé de sentiment, mais le sang qui coulait de sa blessure prouvait qu'il vivait encore. Plusieurs Blairaks voulaient lui arracher ce reste d'existence, pour venger la mort de l'un des leurs et les blessures de plusieurs autres ; mais ils en furent empêchés par leur chef qui, suffisamment satisfait de sa victoire, décida de le garder comme otage pour le cas où les Castrins tenteraient de nouvelles attaques contre sa tribu. Il le fit transporter dans une case inhabitée et l'y confia aux soins de quelques femmes qui lavèrent et étanchèrent le sang de sa blessure et y appliquèrent un pansement d'herbes salutaires dont elles connaissaient l'efficacité. Lorsqu'au bout de peu de temps, il revint à lui, il fut étonné et reconnaissant des bons traitements dont il était l'objet, et auxquels il vit prendre part une belle jeune fille que ses compagnes désignaient par le nom de *Misio* et qu'il sut bientôt être la fille de Kérad.

La blessure de Tamal, plus large que profonde, ne fut par mortelle, et si elle l'avait abattu inanimé, c'était surtout par la violence du coup qu'il avait reçu et par la perte rapide et abondante de son sang. L'extrême faiblesse qu'il éprouvait et le soulagement produit par les soins donnés à sa plaie, le plongèrent dans un profond sommeil qui dura pendant plusieurs heures. A son réveil il vit auprès de la couche de mousses et de fourrures sur laquelle on l'avait déposé, la jeune Misio qui le veillait. Elle lui fit prendre aussitôt une boisson herbacée, dont il but avidement pour étancher la soif ardente qu'il ressentait, et une faible portion d'aliments, puis, avec l'aide d'une autre femme, elle renouvela le premier pansement. Le bien-être relatif dont ces divers traitements firent jouir Tamal, lui procura un nouveau sommeil. Plusieurs jours se passèrent ainsi entre des repos réparateurs et des soins assidus qu'il recevait de deux ou trois femmes, parmi lesquelles Misio se montrait la plus empressée. Ses forces commencèrent alors à lui revenir et la plaie à se cicatriser; la certitude d'une guérison prochaine refroidit assez le zèle de ses infirmières pour qu'il se fût trouvé presque abandonné à lui-même sans la constante sollicitude de Misio.

Le temps où vivaient ces deux jeunes gens était bien éloigné et différent déjà de celui où le penchant qui attire l'un vers l'autre des sujets des deux sexes était presque uniquement instinctif, et où l'intelligence prenait peu de part à leurs préférences. La nouvelle race humaine, bien supérieure à celle des contemporains du mammouth et du renne, possédait un ordre d'idées plus étendues, et le goût qu'elle avait pris pour l'amélioration de ses outils et l'embellissement de ses ornements, prouve qu'elle était sensible à l'influence des formes, et capable déjà, en partie du moins, d'apprécier la beauté des êtres et des choses. De ces facultés nouvelles devait résulter un notable degré d'élévation dans la tendance à l'union des deux sexes ; elle devenait principalement dépendante de l'intelligence, et guidée par l'habitude de juger par le goût, elle prenait les caractères d'un sentiment. Pour assurer leur existence, la nature avait imposé aux Primitifs des deux âges précédents les affections réciproques de la mère, du père et des enfants, mais elle semble avoir réservé pour la postérité de leurs successeurs immédiats, les impressions de l'amour choisi et senti.

Ce sont ces impressions qu'éprouvèrent l'un pour l'autre Misio et Tamal, tous deux également jeunes et beaux. Tous deux avaient les cheveux châtains, souples et fins, les yeux grands et bruns, le visage ovale et chaudement teint, les traits réguliers et en proportions harmoniques, de plus, la taille haute et svelte, élégante et gracieuse dans Misio, robuste et plus élevée chez Tamal ; ils différaient d'ailleurs par la physionomie que la jeune fille avait mobile, aimable et douce, tandis que le jeune homme l'avait calme, simplement affable, et rendue plus énergique par une barbe courte, fournie, sans rudesse, et teinte d'une chaude nuance de blond-foncé.

Misie ne put voir et soigner son beau blessé sans l'aimer, et Tamal se sentit, à mesure qu'il revenait à la vie, pénétré de reconnaissance et d'amour pour la ravissante jeune fille qui la lui avait conservée. Si ce n'était plus l'âge des attachements presque instinctifs, ce n'était pas davantage celui des amours timides et surtout des passions malheureuses qui furent souvent engendrés plus tard par les obstacles nés de la civilisation. Les deux jeunes gens se dirent leur amour, et en auraient joui avec bonheur s'ils ne s'étaient trouvés dans les circonstances si graves qui les avaient amenés à se connaitre et à s'aimer.

En effet, dès que la guérison de Tamal serait complète, il serait arraché aux soins de Misie, traité en captif, rigoureusement surveillé, et peut-être mis à mort si les Castrins tentaient de le délivrer par une nouvelle attaque contre les Blairaks. Effrayée de ce dangereux avenir, la jeune fille résolut de sauver son amant en le faisant fuir avant qu'il n'y fût exposé par son entier rétablissement, et elle lui fit part de sa résignation à l'éloigner d'elle aussitôt qu'il pourrait se soutenir suffisamment. Tamal s'y refusa d'abord énergiquement, à moins qu'elle ne consentit à le suivre; mais elle lui déclara avec une invincible fermeté qu'elle ne déserterait pas sa tribu et ne quitterait pas son père dont elle formait à elle seule toute la famille. Après de longues discussions où s'épanchaient tour à tour les regrets, la tendresse, les douleurs de la séparation et l'espoir de se revoir lorsque le temps aurait mis fin à l'hostilité actuelle de leurs deux clans respectifs, Tamal se soumit enfin à la volonté de Misic.

Elle ne tarda guère à l'exécuter, employant d'abord tous les prétextes plausibles pour écarter les femmes qui l'avaient aidée jusqu'alors auprès de Tamal, et surtout les hommes qui venaient quelquefois s'assurer de l'état où il se trouvait. Peu de temps après, par une nuit sombre, elle s'assura que tous les membres de la tribu reposaient dans leurs habitations, et vint chercher Tamal dans celle qu'il occupait et dont on le croyait incapable de sortir. Il y parvint cependant, malgré sa faiblesse, soutenu par Misio qui le conduisit silencieusement à quelque distance dans la direction qu'il devait prendre pour retourner à la station des Castrins. Quoique encouragés par l'espoir de se revoir et de se réunir dans un temps peu éloigné, ils ne se quittèrent alors qu'avec peine, et les preuves de tendresse qu'ils se donnèrent ne firent qu'augmenter encore les douleurs de la séparation. Après ces pénibles adieux, Misio rejoignit mystérieusement sa demeure, et Tamal marcha vers la sienne où il n'arriva qu'après plusieurs heures, épuisé de fatigue et de souffrances. Il fut reçu par les siens avec d'autant plus de joie qu'ils le croyaient mort et qu'ils avaient plus vivement regretté l'impuissance de le venger, où les avait mis leur défaite et la victoire des Blairaks.

Ceux-ci furent exaspérés par la fuite de Tamal qu'ils avaient cru trop peu guéri et trop faible pour pouvoir s'échapper de leurs mains. Ils ignorèrent toujours que cette fuite du captif blessé était due au courageux dévouement de Misie et à l'énergie morale et physique de Tamal, dont ils ne connurent le départ que lorsqu'il fut trop tard pour le poursuivre.

Tamal acheva sa guérison dans les bras de sa mère et entouré des témoignages d'affection de son père et de tous les Castrins avec lesquels il avait si bravement combattu quelques semaines auparavant. Il apprit avec satisfaction la résolution qu'ils avaient prise de renoncer à toute lutte nouvelle avec les Blairaks, les considérant comme garantis contre toutes représailles par la supériorité de leur nombre et la solide situation de leur village. Pour éviter tout conflit, les Castrins s'abstenaient de s'avancer dans la vallée, trop loin de leur station, et dirigeaient principalement leurs chasses vers les abords de la plaine.

Persuadé qu'aucun acte d'hostilité ne se reproduirait entre les deux tribus, Tamal, complètement remis enfin de sa dangereuse blessure et de la longue faiblesse qui en était résultée, reprit le cours habituel de son existence, mais il n'y retrouva pas les satisfactions qu'elle lui procurait autrefois.

Doué d'une intelligence supérieure à celle de ses congénères, il les devança aussi dans la voie des impressions morales, par les sentiments plus élevés que firent naître en lui la reconnaissance des soins, qu'il avait reçus de Misie et la beauté de cette jeune fille, dont la tendre et douce affection lui avait peut-être conservé la vie et, en tous cas, rendu la liberté. Aussi le souvenir et la gracieuse image de celle qu'il aimait ne cessèrent-ils point d'occuper toutes ses pensées, de le distraire de tout ce qui l'entourait, et de lui rendre indifférentes les actions auxquelles il se livrait lui-même. Convaincu qu'il se passerait un certain temps d'assez longue durée avant qu'il ne se rétablît entre les Blairaks et les Castrins des relations amicales suffisantes pour qu'il pût revoir Misio et renouer les liens brisés de leurs récentes amours, il résolut de quitter son pays et de faire une excursion dans des contrées lointaines.

Depuis longtemps son esprit avait été frappé de l'aspect grandiose sous lequel lui apparaissaient au loin de hautes montagnes, lorsqu'aux premières heures du jour ou aux dernières de l'après-midi, il dirigeait ses regards dans une direction intermédiaire aux points opposés où le soleil se lève et se couche ; il voyait alors les cimes imposantes des Alpes s'élever dans les airs en y étendant leurs immenses flancs blanchis et surmontés de crêtes hérissées dont le soleil teignait les arêtes de nuances roses et bleuâtres. Il résolut de s'approcher de ce merveilleux spectacle et d'exécuter ce projet sans retard pendant le temps qui s'écoulerait nécessairement avant qu'il pût revoir Misie.

Ses préparatifs de voyage furent bientôt faits : il n'avait à emporter que ses armes et vêtements habituels, et une petite provision de parcelles végétales sèches, destinées à servir d'amorce aux étincelles qu'il ferait jaillir du choc de deux cailloux de silex et de pyrite de fer.

Après avoir fait ses adieux à ses parents et aux membres de sa tribu, et leur avoir promis son retour plus ou moins prochain, il partit pour son excursion en suivant d'abord le pied des Vosges.

Il serait long et monotone de l'accompagner pas à pas dans la longue pérégrination qu'il entreprenait, et il suffit d'indiquer d'une manière générale comment il put l'effectuer. Il cherchait à gagner par chaque jour de marche, quelque station d'indigènes, auprès desquels il prenait son repos et les indications nécessaires pour se rendre le lendemain aux habitations les plus voisines; et quand les distances étaient trop grandes pour qu'il pût les franchir en une étape, il campait sous bois, ou se réfugiait dans quelque cavité de rocher ou de terrain, ou même s'installait sur les grosses branches d'un arbre, comme il fut obligé de le faire souvent pour se mettre à l'abri des petites troupes de loups répandues de toutes parts. Il rencontrait de nombreux marais, ruisseaux et rivières, contournait les premiers et traversait les autres à gué ou sur des arbres abattus par l'orage, et quelquefois aussi à la nage, dont il avait appris l'exercice, dès son enfance, dans les étangs formés dans le voisinage de sa tribu par les eaux des montagnes ou par le débordement de celles de la Thur.

Il était généralement bien reçu dans les habitations dispersées sur la route qu'il suivait, et il lui arrivait même quelquefois d'y passer deux ou plusieurs jours ; mais d'autres fois aussi il était mal accueilli, considéré comme suspect de quelque projet hostile et retenu captif jusqu'à ce qu'on pût être assuré que sa présence n'était suivie d'aucun événement fâcheux. Dans quelques occasions, assez rares d'ailleurs, il se vit obligé de s'écarter de sa direction pour ne pas approcher des lieux où deux peuplades étaient actuellement en guerre.

C'est pour cette dernière cause que, dès le troisième jour de son voyage, il dut s'éloigner des Vosges et s'avancer dans la plaine, à travers les forêts et les clairières qui les bordaient du côté du soleil levant. Il parcourut alors une contrée onduleuse, parsemée de collines, où il vit la source de l'Ill, la rivière la plus importante de l'Alsace. Après deux nouvelles étapes il arriva au bord d'un large fleuve dont il admira la puissance et remonta le cours pour se rapprocher des montagnes lointaines qu'i considérait comme le but de son expédition. En la continuant il éprouva de profondes impressions à la vue des rapides de Lauffen, de l'admirable cataracte du Rhin et de l'imposante étendue du lac de Constance. Il fut vivement frappé de la grandeur de ces divers aspects de la nature, si nouveaux et si étranges pour son ignorance; mais il fut plus émerveillé encore par la contemplation des habitations humaines établies sur les eaux mêmes du lac.

Le jeune Vosgien avait sous les yeux une *station lacustre*. A quelques pas du rivage commençaient de longues rangées de gros et grands pieux, enfoncés verticalement dans l'eau, et au-dessus desquels s'étendait une large couche horizontale d'autres pièces de bois équarries et serrées les unes contre les autres. Sur ce sol artificiel, élevé au-dessus de la surface de l'eau de près d'une hauteur d'homme, étaient construites avec les mêmes matériaux, de solides chaumières alignées régulièrement. Dans les espaces libres laissés entre elles, s'agitaient des femmes et des enfants, et se reposaient quelques vieillards. Non loin de ce village suspendu entre l'air et l'eau, de gros troncs d'arbres, creusés dans toute leur longueur de sept à huit pas, étaient couchés sur la surface du lac, et deux ou trois hommes placés dans chacun d'eux les y faisaient glisser rapidement en maniant de forts bâtons terminés par une surface large et plate. Quelques-uns de ces hommes jetaient à l'eau, et en retiraient ensuite chargés de poissons, des objets étranges, minces, souples, légers, criblés de trous, et dont les uns étaient fort étendus tandis que les autres avaient la forme de grandes poches.

Tel était le merveilleux spectacle qui s'offrait à la vue de Tamal et qu'il admirait avec étonnement. Il s'en approcha, non sans émotion, et vint s'arrêter auprès d'un homme occupé à rectifier la pose de quelques pièces de bois, plates et mobiles, servant de passage entre la rive et la cité aquatique. Il fut reçu dans celle-ci avec bienveillance, il y passa quelques jours pendant lesquels il parvint à confectionner lui-même les filets de pêche qu'il avait admirés à son arrivée.

L'appréciation des choses qui l'entouraient fit naître, pour la première fois, dans l'esprit de Tamal, la pensée du progrès dans le travail dont l'homme est capable. Cette conception, qu'il avait ignorée jusqu'alors, lui fit entrevoir les avantages qu'il pourrait procurer à sa tribu en y introduisant les améliorations qu'il aurait l'occasion d'observer chez les diverses peuplades qu'il pourrait visiter encore. Entraîné dans cet ordre d'idées, il renonça à son premier projet d'aller jusqu'aux grandes montagnes glacées dont il voyait maintenant la longue chaîne se développer assez près de lui, et résolut de continuer son exploration dans des contrées d'un accès plus facile et par conséquent plus peuplées.

A mesure qu'il s'était éloigné de plus en plus de son pays natal, Tamal éprouvait de plus grandes difficultés à s'entretenir avec les habitants de ceux qu'il parcourait. En quittant la cité lacustre du lac de Constance, sur les eaux duquel il en existait une trentaine d'autres semblables, il put cependant se renseigner suffisamment pour se diriger vers celles que portait le lac de Zurich, et de même, en partant de celui-ci, pouvait-il gagner des cités du même genre situées sur les lacs de Bienne, de Sempach et de Morat.

Dans ces dernières il trouva un nouveau sujet d'étonnement et d'admiration.

C'étaient des armes et des outils fabriqués, non plus avec des pierres polies, mais avec une matière qu'on commençait à peine à connaitre et qu'on obtenait en exposant à un foyer ardent un mélange de charbon et de deux sortes de pierres qu'on appelle de nos jours pyrite de cuivre et oxide d'étain. De ce mélange résultait une matière fusible qui, coulée dans des moules creusés dans du sable ou de la terre, y formait des haches, des pointes de lances et de flèches, des couteaux et des poignards, des hameçons, des ustensiles divers, et des objets plus délicats, tels que poinçons, épingles ou aiguilles et pièces d'ornement. C'étaient les premiers produits de la découverte du *bronze*.

Tamal prolongea son séjour auprès des possesseurs de ces premières richesses métallurgiques, jusqu'à ce qu'il en pût obtenir quelques dons en échange du zèle qu'il mettait à partager leurs travaux. Il reprit alors sa direction vers le couchant et, traversant les gorges du Jura, il se trouva revenu en France, et apprit que plusieurs cités lacustres y existaient aussi, en Savoie et sur les bords des deux rivières que nous appelons aujourd'hui l'Isère et la Saône.

Il continua longtemps ses excursions dans les contrées situées à l'ouest du Jura et des Alpes et y constata les progrès les plus récents faits par les diverses peuplades qui les habitaient.

Chez quelques-unes, il vit les premiers essais de culture, appliqués à des plantes herbacées produisant des graines comestibles ; on écrasait ces graines, soigneusement recueillies, au moyen d'un caillou arrondi, agité et pressé dans une large pierre creusée en auge, et avec la poudre farineuse qui résultait de cette opération et qu'on mêlait à de l'eau, on faisait une pâte qu'on cuisait en galettes en la plaçant par petites portions sur des pierres plates et chauffées au feu.

Chez beaucoup d'autres, Tamal vit établi l'emploi de poteries en terre molle, cuites et durcies à la chaleur du foyer, ou seulement à celles du soleil.

Enfin, chez les plus avancées en intelligence, il fut aussi étonné que ravi d'observer des moutons, des chèvres et même des bœufs-urus réduits à l'état de domestication, et surtout des chiens affectueusement soumis et attachés à l'homme.

C'eût été l'accomplissement d'un beau rêve que de pouvoir emmener dans son pays quelques sujets de chacune de ces diverses espèces d'animaux; mais il en reconnut l'impossibilité, et s'estima heureux d'obtenir un jeune couple de la dernière et de s'en faire suivre dans l'achèvement de son voyage.

Celui-ci avait duré pendant une quinzaine de mois, lorsqu'enfin Tamal revint à sa tribu, où il fut reçu avec des transports d'allégresse, qui se transformèrent en manifestations enthousiastes à l'audition de ses récits et à la vue des objets qu'il rapportait, et surtout des deux jeunes animaux qu'il ramenait avec lui, et dont la forme, la taille, les oreilles droites et le rude et fauve pelage avaient beaucoup de rapports avec ceux des loups, tandis qu'eux-mêmes étaient aussi soumis et caressants que ceux-ci sont farouches et féroces.

Tamal fut heureux d'apprendre les bonnes relations qui s'étaient rétablies entre les deux tribus de sa vallée natale, et il eut à peine passé quelques jours auprès de ses parents, qu'il se hâta, pour revoir enfin sa bien-aimée Misie, de retourner chez les Blairaks, non plus en captif cette fois, mais en ami, porteur de renseignements utiles. Déjà informés de l'heureux succès de son expédition lointaine, Kérad et sa tribu l'accueillirent avec joie et ne s'étonnèrent pas des témoignages d'affection que lui donna Misic en le conduisant à la cabane de son père.

Parmi les trésors qu'il avait rapportés de son voyage, se trouvaient trois haches en bronze; il en avait donné une à Faroc, et il en offrit une autre à Kérad, réservant la troisième à son propre usage ; à ce riche cadeau, il joignit une pointe de lance, deux pointes de flèche, un couteau et un poignard de même métal, et il mit avec bonheur, entre les mains de sa bien-aimée, des poinçons, des épingles ou aiguilles et des plaquettes rassemblées en collier par un cordon, et brillant d'un éclat métallique jusqu'alors inconnu dans le val de Saint-Amarin.

Heureux de la possession de ses nouvelles armes, Kérad sortit de sa demeure pour les montrer et les faire admirer partout autour de lui. Restés ainsi seuls, Tamal et Misio se jetèrent dans les bras l'un de l'autre et s'abandonnèrent à toute l'expansion de leur tendresse. Il est facile de se peindre leur félicité, et surtout celle de Misio, dont le souvenir ne s'était représenté jusqu'alors que l'image du jeune blessé, faible et souffrant qu'elle avait eu tant de peine à conduire aux limites de son village, tandis que maintenant elle se sentait enlacée dans les bras et pressée contre le cœur de ce beau et robuste voyageur, dont la courageuse expédition causait une admiration générale.

Quelques jours après, Tamal, accompagné de son père, vint demander à Kérad de lui donner sa fille pour compagne, ce qu'il obtint aussitôt, à la commune satisfaction des deux tribus dans chacune desquelles, à peu de temps de là, le chef donna le repas habituel des fiançailles. Celui-ci fut précédé de la cérémonie des *sacrifices* que les fiancés devaient faire aux *Génies ou Esprits* supérieurs qu'adoptait déjà la croyance des hommes de cette époque. Sous la conduite des deux vieillards les plus âgés, Tamal et Misie se rendirent à la cascade du *Heidenbad* et jetèrent, en offrande au *Génie des eaux*, quelques menus objets dans le bassin où elle se précipite du haut des rochers supérieurs. Ils allèrent ensuite déposer quelques fruits et quelques pièces de petit gibier, au pied d'un des plus grands chênes de la forêt voisine, comme un hommage rendu à l'*Esprit des bois*.

Enfin, sur un bûcher élevé près des habitations de la peuplade, ils brûlèrent des bouquets de fleurs, des branchages légers, des touffes de feuilles d'herbe et de mousse et quelques dépouilles d'oiseaux, comme pieux sacrifice offert à l'Esprit des vents et des orages.

Tout en jouissant avec ivresse du bonheur de posséder enfin sa bien-aimée, Tamal ne laissa pas éteindre en lui les idées de progrès qu'il avait conçues pendant son voyage, et le désir d'améliorer les conditions d'existence de ses congénères Vosgiens. Il trouva parmi eux quelques jeunes hommes capables de suivre l'exemple qu'il leur avait donné, les encouragea dans cette voie et les y guida par ses conseils.

Le résultat de ses efforts fut le départ, à intervalles rapprochés, de plusieurs Castrins, de Blairaks qui entreprirent de parcourir les régions lointaines dans le but d'en rapporter des objets nouveaux, et surtout d'en ramener des couples d'animaux domestiques. Pour faciliter l'exécution de ces projets, surtout du dernier, ils se formèrent, sur l'avis de Tamal, en divers groupes de deux voyageurs chacun qui se répandirent dans diverses directions vers le couchant et le midi de leur pays natal. Pendant plusieurs années ces expéditions se renouvelèrent et s'achevèrent avec plus ou moins de succès, mais toujours avec quelque utilité.

Les connaissances acquises par Tamal, sa supériorité intellectuelle, et ses efforts pour l'amélioration de leur bien-être, augmentèrent de plus en plus l'affection que lui portaient les habitants de la vallée. Aussi, avec l'assentiment de son père et de celui de Misie, le choisirent-ils pour chef supérieur des deux tribus, qui, à partir de ce moment, et malgré la distance qui séparait leurs stations, se confondirent en une seule et même peuplade.

De longues années s'écoulèrent ainsi, amenant des améliorations croissantes ; les habitations étaient plus spacieuses et mieux construites ; les chasseurs avaient pour compagnons de vigoureux chiens provenant du jeune couple amené par Tamal, et qui les aidaient dans leurs chasses, même celles faites aux ours, aux loups, aux aurochs et aux sangliers ; les provisions de fruits cueillis dans les forêts, étaient plus nombreuses, plus abondantes et mieux conservées ; quelques tentatives de culture de racines alimentaires commençaient à réussir; plusieurs chèvres et des moutons paissaient déjà auprès des deux villages, et on venait d'y voir amener un bouvillon et deux génisses ; les armes et les outils de bronze y pénétraient aussi de plus en plus, et y devenaient plus communs.

Ce n'est qu'après avoir vu s'effectuer lentement ces progrès successifs que Tamal et Misio, chargés de jours, moururent entre les bras de leurs enfants, emportant dans leur tombe les regrets des membres de leurs clans, et même des peuplades voisines, que les changements utiles introduits dans la vallée de Saint-Amarin n'avaient pas laissées sans émulation, ni sans quelques heureux efforts d'imitation.

CINQUIÈMES VUES

Age du bronze. — Progrès et Age du fer. — Fin des temps préhistoriques. — Ibères. — Celtes. — Aquitains. — Liguriens. — Massaliotes. — Kimris. — Expéditions gauloises.

L'emploi de la pierre polie n'eut plus d'autre durée que celle nécessaire pour faire connaître et répandre parmi les peuplades d'Europe l'usage du bronze, qui lui était supérieur et qui se prêtait bien mieux à la fabrication et au service des armes et des outils. L'une des propriétés les plus avantageuses de ce métal consiste à se laisser forger et façonner facilement lorsqu'il a été refroidi rapidement, tandis qu'il devient dur et résistant par un refroidissement lentement prolongé, ce qui permet de lui donner, sous le premier état, les formes voulues et de ne les durcir qu'après les avoir obtenues.

Des ateliers de fonderie et de fabrication s'établirent sur différents points où l'on trouvait les matières premières nécessaires, et constituèrent ainsi une industrie importante à cette époque, et que suivit le développement correspondant d'un commerce non moins utile, qui s'étendit sur toutes les tribus européennes. Les relations, formées ainsi entre ces dernières, furent fortifiées et multipliées par l'ardeur qu'elles durent mettre à la possession et à la propagation des animaux domestiques et des plantes cultivées, dont quelques-unes d'entre elles seulement avaient su d'abord se procurer la jouissance. Ces deux causes surtout peuvent être considérées comme les premiers germes de la civilisation et de la transformation de la vie de chasseurs en celle de pasteurs et de laboureurs.

Pour constater les progrès effectués pendant l'âge de bronze, il suffit d'indiquer les traces qu'on en a retrouvées pendant l'exploration de certains tumuli, dans quelques dolmens que l'action du temps a dépouillés des amoncellements montueux de terres dont ils avaient d'abord été recouverts, dans les restes et les décombres des cités lacustres, et sous plusieurs autres conditions locales particulières.

La multiplicité et la diversité des armes, des outils, des ornements tels que colliers et bracelets, et des instruments légers comme les poinçons, aiguilles et épingles, sont surtout remarquables.

Au lieu des poteries grossières, à surface rugueuse et mal façonnées, qui remontent à l'époque de la pierre polie, les hommes de l'âge du bronze fabriquaient des vases et autres objets en terre cuite, de texture plus fine, à surface lisse, de formes diverses, souvent ornés de dessins, et dont quelques-uns avaient

7.

d'assez grandes dimensions pour servir de réservoirs aux graines des céréales.

La découverte de plusieurs de ces réservoirs avec une partie de leur contenu, prouve suffisamment, ainsi que celle des faucilles en bronze, que dès ce temps, on cultivait l'orge, le froment et plus tard l'avoine. Pour l'écrasement de ces graines alimentaires on n'employait plus un caillou arrondi pour pilon et une auge de pierre pour mortier, comme précédemment ; mais on possédait déjà l'usage d'une meule fixe sur laquelle on faisait pivoter circulairement une meule mobile au moyen d'un levier transversal.

Avec des fibres d'écorces on savait confectionner des cordages et des cordelettes destinés à la fabrication des filets de pêche, et avec les téguments textiles du lin d'abord et du chanvre ensuite, on parvint à faire du fil qu'on eut l'art d'employer à tisser des étoffes, dont l'usage se substitua à celui des peaux qui avaient servi jusqu'alors pour se vêtir. La découverte de plusieurs cercueils, dans un tumulus du Danemark, a permis de constater que, dans ce pays au moins, on connaissait déjà l'art de filer et tisser la laine, car dans l'un d'eux les restes d'un homme étaient enveloppés de divers vêtements fabriqués avec cette matière.

La possession d'animaux domestiques et de plantes cultivées ajouta des ressources considérables aux produits de la chasse et de la pêche, pour l'alimentation des contemporains de l'âge de bronze.

Dans les premiers temps de cette époque, ils continuèrent d'ensevelir leurs morts dans des tumuli et des dolmens, et de placer auprès d'eux quelques pièces de leurs armes et de leurs outils ; mais vers la fin, ils commencèrent à incinérer les cadavres et à renfermer leurs cendres dans des urnes dont plusieurs ont été retrouvées de nos jours. Nous en citerons un exemple remarquable dans les résultats de l'exploration d'un tumulus faite près de Lubeck.

Dans la partie supérieure, élevée de quatre mètres, on découvrit un squelette enfoui en terre libre avec quelques objets en fer rouillés. A deux mètres au-dessous, on trouva de petites cases construites en pierres sèches et contenant chacune une urne cinéraire remplie d'ossements calcinés et mêlés à des colliers, des épingles et un couteau, le tout en bronze. Dans la partie inférieure du tumulus, des blocs de pierre formaient une cavité renfermant des ossements humains et des haches en silex brut.

Cette superposition des trois sépultures représente bien la succession des trois âges de la pierre brute, du bronze et du fer, et serait complète, s'il s'en était trouvée une quatrième contenant des objets en pierre polie et placée entre celles de la pierre brute et du bronze.

La sépulture supérieure, la dernière par conséquent du tumulus de Lubeck, nous fait sortir de l'époque du bronze et entrer dans l'âge du fer.

La découverte du fer était bien plus difficile que celle du bronze, le premier de ces métaux étant infusible dans les foyers, même les plus ardents, employés dans ces âges reculés. Aussi ne doit-on son extraction qu'à des procédés semblables à ceux qu'on voit encore exploités de nos jours, chez quelques peuplades du nord de la Tartarie et du Sénégal.

Contre un pan coupé de monticule, on construisait en pierres un four qu'on chargeait d'abord de bois, puis de couches minces et alternatives de charbon et du minerai si commun que forment les oxydes de fer; on recouvrait ce mélange d'une voûte en terre, ouverte par le haut; puis, par une ouverture inférieure, on mettait le feu au bois. Par cette opération, le charbon désoxydait le fer et on obtenait au fond du fourneau de petites masses spongieuses du métal réduit. En réunissant celles-ci par portions suffisantes, les chauffant au rouge et les forgeant à diverses reprises, on parvenait à les agglomérer en petites loupes métalliques qu'une série d'opérations semblables transformait en barres de fer, propres à être ensuite façonnées à volonté sous l'action du feu et du marteau.

L'usage du fer se mêla d'abord à celui du bronze, comme celui-ci s'était associé, à son origine, à l'emploi de la pierre polie et du bois de cerf. On connut aussi, dès ce temps, l'or, l'argent et le plomb, et l'art de fabriquer au tour les poteries, qui n'avaient encore été façonnées qu'à la main.

L'incinération plus ou moins complète des cadavres constituait le mode des funérailles.

Vers la fin de l'âge du fer, l'industrie et le commerce avaient fait des progrès considérables, ainsi que l'art agricole qui avait ajouté la possession de l'âne et du porc à celle plus ancienne du mouton, de la chèvre, du bœuf et du cheval.

On attribue même à ces temps anciens le premier emploi de petites monnaies en bronze. C'est par les grandes perturbations survenues à la surface des territoires européens que les contemporains du mammouth et du renne en ont disparu, à la fin de l'âge de la pierre brute, pour y faire place à la race aryenne, caractérisée par l'usage de la pierre polie. Au contraire c'est par des transitions lentes et presque insensibles que l'humanité a passé de l'âge de cette dernière à celui du bronze, de l'époque de ce métal à celle du fer, et enfin de cette période préhistorique finale aux temps révélés par les premières annales des peuples.

Les premières pages de l'histoire donnent le nom d'*Ibères* aux habitants des pays sur lesquels nous continuons de fixer nos regards, et elles nous apprennent que deux mille ans avant notre ère moderne, ils furent envahis, au Nord, par les *Celtes, Gaëls,* ou *Galles.* Ceux-ci refoulèrent les Ibères au-delà de la Garonne, et les repoussèrent même jusqu'en Espagne, où une partie d'entre eux les suivit et s'établit en constituant avec les vaincus une nation commune, celle des *Celtibériens.*

La race Ibérienne resta cependant dominatrice, sous le nom d'*Aquitains*, au sud de la Garonne et dans les Pyrénées, et sous celui de *Liguriens* sur les côtes de la Méditerranée.

Les populations liguriennes eurent des relations commerciales importantes avec les Phéniciens, un millier d'années avant Jésus-Christ, et on attribue même à ces derniers la fondation de Nimes et d'Alésia. Aux Phéniciens succédèrent les Rhodiens, dont les établissements n'avaient plus guère de valeur, lorsque les Phocéens, commandés par Euxène, vinrent fonder Massilia ou Marseille, six cents ans avant l'ère chrétienne.

Au même temps, les *Cimbres* ou *Kimris*, sous la conduite de *Hu-le-Puissant*, vinrent attaquer le nord de la Gaule. Ils ne purent déposséder les Gaulois de leur territoire et ne parvinrent qu'à se confondre avec eux dans les parties situées à l'occident, sur les côtes de l'Océan, et quelques faibles portions du centre dont la plus grande étendue resta uniquement celtique, ainsi que toutes les régions orientales limitées par le Jura et le Rhin.

C'est de ces dernières contrées que partirent, en 587 avant J.-C., les deux grandes expéditions de *Sigovèse* et de *Bellovèse*, dont la première alla former une colonie au bord du Danube, au fond des Alpes Illyriennes, et l'autre vint fonder la Gaule Cisalpine, au nord de l'Italie.

En 391 avant J.-C., trente mille Gaulois *Sénons*, sous la conduite de leur chef ou *Brenn*, battirent une armée romaine sur les bords de l'Allia et s'emparèrent de Rome, dont les derniers défenseurs furent assiégés dans la capitale. Après avoir pillé, saccagé et rançonné la ville, ils en furent chassés par les victoires de Camille, qui en massacra le plus grand nombre.

Cent ans plus tard, une armée de Tectosages quitta les Gaules, alla ravager la Macédoine et la Grèce, et s'établit en Asie Mineure, dans le pays qui prit de leur nom celui de Galatie.

Aux diverses périodes de cette époque une foule de guerriers gaulois servirent comme mercenaires dans les armées des rois d'Asie qui se partageaient et se disputaient l'héritage d'Alexandre le Grand, et dans celles de Pyrrhus et d'Annibal.

SIXIÈMES VUES

Les Gaules, deux siècles avant l'ère moderne. — Caractère et mœurs des Gaulois. — Patriciens, druides et peuple. — Divinités gauloises. — Nations gauloises d'Alsace. — Luttes contre les Germains. — Episode caractéristique : *Rodvig et Diéla.*

Deux cents ans avant notre ère, les Gaulois ne formaient plus qu'une seule nation, confondant sous les mêmes coutumes et les mêmes institutions, les anciens Ibères, les Galls et les Kimris. Mais ce grand peuple manquait d'unité et était divisé en près de quatre-vingts parties distinctes qu'administraient séparément leurs chefs particuliers généralement appelés *Vergobrets.*

La plus grande partie du pays était couverte

de forêts, et c'est dans les clairières naturelles qui s'y trouvaient, ou dans celles produites par les défrichements, que les Gaulois établissaient leurs maisons, construites en bois et couvertes de chaume, et formaient leurs villages qu'entouraient des palissades en pieux et madriers. Les terrains cultivés qui dépendaient de ces villages étaient étendus proportionnellement à l'importance de ceux-ci. Les villes, très nombreuses déjà, étaient solidement fortifiées et entourées de cultures d'autant plus considérables qu'elles étaient elles-mêmes plus populeuses.

Abrité sous ses vastes forêts, le sol abondait en sources, en ruisseaux, en marais et en cours d'eau qui rendaient le climat humide et l'atmosphère fréquemment sombre et orageuse.

Les habitants étaient grands et robustes, bien conformés et agiles; ils avaient le visage ovale, les traits bien dessinés, le teint clair, les yeux bruns ou bleus, les cheveux châtains, blonds et quelquefois roux; ils portaient leur chevelure longue et la relevaient au-dessus de la tête en forme de cornes; ils laissaient d'épaisses et longues moustaches couvrir leurs lèvres supérieures, et toutes leurs allures exprimaient l'agilité et la force qu'exigent et développent les habitudes de la vie des chasseurs et des guerriers.

Ils se nourrissaient de glands et autres fruits forestiers, de pain, de lait, de beurre, de fromage, de la chair de leurs animaux domestiques et surtout de celle du porc, et de nombreuses espèces de gibier dont les aurochs, les cerfs et les sangliers étaient les plus recherchés ; ils avaient pour boissons spiritueuses, la bière que leur fournissait la fermentation de l'orge, et l'hydromel qu'ils obtenaient de celle du miel.

Les vêtements des Gaulois consistaient en braies qui couvraient les jambes, en chemises, en robes courtes ne descendant que jusqu'aux genoux que rappellent nos blouses modernes, en un surtout ou petit manteau, et en chaussures de cuir. Le costume des femmes ne diffère de celui des hommes que par la plus grande longueur de la robe et par l'usage des colliers, bracelets, anneaux et ceintures.

Les armes consistaient surtout en glaives, haches, poignards, lances, javelots, boucliers et casques de diverses formes et ordinairement sans cimier. Les Gaulois combattaient, les uns à pied, les autres à cheval, et d'autres encore dans des chars attelés de deux chevaux et dont ils se servaient pour barricader leurs camps.

Les historiens romains, leurs ennemis, dépeignent nos ancêtres comme naturellement bons et hospitaliers, fidèles en amitié, sincères et loyaux, méprisant la ruse et le mensonge, braves jusqu'à la témérité, prompts à toute entreprise, doués d'un esprit vif et pénétrant et d'une imagination ardente, aimant à parler et à écouter, fort curieux, frondeurs, narquois et toujours avides d'indépendance; mais aussi les chroniques contemporaines les accusent-elles d'être insouciants, inconstants, vantards, colères, querelleurs, enclins à l'ivrognerie, et féroces dans leurs superstitions. Quels qu'ils fussent, ils traitaient leurs femmes avec beaucoup d'égards, les consultaient pour les affaires même les plus graves, et les emmenaient souvent avec eux à la guerre.

Ils travaillaient habilement les métaux, le verre, les poteries et les étoffes, et paraissent avoir inventé les charrues à roues, les cribles en crin et les tonneaux en bois cerclés.

Les funérailles étaient célébrées avec pompe, et on y brûlait avec le mort les objets qu'il avait aimés, et même les animaux domestiques, des esclaves, et quelquefois jusqu'à des parents. Les sacrifices les plus cruels ne leur répugnaient pas, et, pour apaiser les Dieux, ils croyaient sauver la vie d'un malade en faisant périr quelqu'autre humain dépendant de lui. Dans d'autres occasions, plus générales et plus importantes, ils donnaient la mort à plusieurs victimes à la fois, en les enfermant dans une cage d'osier, affectant la forme humaine, et placée sur un bûcher auquel on mettait le feu.

Chacune des nations gauloises se composait de druides, de patriciens et du peuple, et ce n'était que dans les assemblées générales de ces trois classes, qu'on traitait les affaires d'intérêt commun.

La classe aristocratique comprenait les chefs des tribus, les chefs des clans, les chefs des familles riches, les guerriers libres n'ayant d'autre carrière que celle des armes, et les citoyens distingués par l'extension du commerce ou de l'industrie qu'ils exploitaient.

La classe populaire était formée des diverses catégories d'ouvriers, des petits marchands, des cultivateurs, des affranchis et des serviteurs, au-dessous desquels se plaçaient, au dernier rang, les hommes réduits à l'état d'esclaves.

Les druides étaient les ministres de la religion, dirigeaient les sacrifices publics et particuliers, expliquaient les augures, jugeaient les crimes et les meurtres, réglaient les successions et instruisaient les jeunes gens, sans leur permettre, d'ailleurs, d'écrire ce qu'ils leur enseignaient. Exempts d'impôts et de toute charge civile ou militaire, les druides se réunissaient tous les ans dans le pays des *Carnutes,* à Chartres, où siégait le chef de cette puissante corporation, à laquelle se rattachaient aussi des druidesses, femmes toujours vêtues d'étoffes blanches en lin, que retenaient sur leur corps des agrafes et une ceinture en métal. Les druidesses prédisaient l'avenir, d'après l'inspection des astres et des météores, et des entrailles des victimes humaines. Quelques-unes d'entre elles se vouaient à rester vierges.

A l'ordre des druides se reliait celui des bardes, qui avaient pour mission de chanter en vers l'éloge des Dieux, les beautés de la nature et les gloires guerrières ; et de même les eubages qui occupaient un rang de prêtrise inférieure et qui aidaient les druides dans la pratique de leur sacerdoce, dont l'une des plus importantes consistait à cueillir avec une faucille d'or, dans un grand développement de cérémonies religieuses, les plans de gui dont les chênes se parent quelquefois.

Les Gaulois adoraient *Esus*, dieu suprême ; *Teut* ou *Teutat*, dieu de la guerre et de l'intelligence ; *Belen*, dieu de la médecine et du savoir ; *Agmius*, dieu de l'éloquence ; *Tarann*, dieu du tonnerre ; et d'autres divinités inférieures et plus ou moins locales, telles que *Rheno*, le dieu du Rhin, et *Vosgès*, le dieu des Vosges. Ils croyaient à l'immortalité de l'âme, et en étaient convaincus au point de se prêter de l'argent sous la seule condition de le rendre dans le cours de l'existence nouvelle où ils entreraient après leur mort.

Telles étaient les conditions morales et intellectuelles sous lesquelles vivaient les peuples gaulois, deux siècles avant Jésus-

Christ, et que modifiaient plus ou moins, pour quelques-uns d'entre eux, des circonstances locales et particulières aux régions qu'ils habitaient. C'est à une situation spéciale de ce genre qu'était soumise la plaine d'Alsace. Le Rhin, qui la sépare des Germains, empêchait par la violence et les débordements de ses eaux, de peupler sa rive gauche autant qu'il eût été nécessaire pour la garantir contre les agressions de ces barbares, toujours avides de pillages et de rapines. Alimenté par les nombreuses rivières qu'il reçoit et dont l'état climatérique de ces temps augmentait le volume et la force, le fleuve étendait librement et largement ses flots dans toutes les parties basses de ses rives, et y étreignait de ses bras des îles et des marais nombreux et souvent fort étendus. Les abords du Rhin n'étaient donc habitables qu'à une certaine distance de son cours, ce qui exigeait une vigilance plus difficile et plus continuelle contre les bandes aventurières de la rive droite, de la part des

Gaulois de la plaine alsacienne. Aussi, comme les gens des frontières le sont ordinairement dans tous les pays, étaient-ils plus aptes et plus accoutumés aux mœurs guerrières que les populations de l'intérieur des Gaules.

Trois peuples étendaient leurs tribus jusqu'au Rhin. Au sud, c'étaient les *Rauraques*, dont les possessions entouraient la partie septentrionale du Jura, et dont la capitale *Rauricum* était située à deux lieues de Bâle.

Le territoire des *Séquanes* occupait la Franche-Comté, et l'extrémité sud de la Lorraine et venait aboutir au Rhin, en longeant la frontière des Rauraques. Leur ville capitale était *Vesontio*, (Besançon) et ils en avaient, en Alsace, plusieurs, dont les principales étaient Cambe, Brisiac, Olin, Urunc et *Argentovaria* (Colmar).

Au nord des Séquanes étaient les *Médiomatrices* qui possédaient tout le nord de l'Alsace et une grande partie de la Lorraine jusqu'auprès de Spire et de Trêves, avec *Divodurum*

(Metz) pour capitale, et comme villes principales en Alsace, Helvet, Broemag, Salet et *Argentorat* (Strasbourg). Plus tard, du temps de César ou peu avant, les Médiomatrices furent obligés de céder l'extrémité septentrionale de la plaine d'Alsace à une tribu d'origine germanique appelée *Triboques* et qui se fondit avec les nations gauloises dans l'état gallo-romain

Dans ces derniers temps de l'indépendance des Gaules, les trois nations établies sur la rive gauche du Rhin avaient à soutenir constamment, contre les Germains de la rive droite, la longue lutte que la race teutonne, plus barbare, ne cessait de renouveler contre la race celtique, dans le but de s'emparer des contrées plus riches et plus fertiles occupées par celle-ci. Au temps même où les deux grands peuples, toujours hostiles, étaient en paix ou plutôt en trêve, il arrivait fréquemment que dans les tribus germaniques riveraines, quelques guerriers, avides de gloire et de butin, franchissaient le fleuve et tentaient quelque incursion sur le territoire gaulois. Leur présence y était rapidement signalée, et ils y étaient combattus jusqu'à ce qu'ils fussent contraints à retourner dans leur pays.

C'est dans une aventure de ce genre qu'une bande de Germains, après avoir attaqué sans succès un des rares villages situés aux abords du Rhin, avait été poursuivie par une troupe de Médiomatrices jusqu'aux limites du territoire des Séquanes. Quelques cavaliers de cette nation se réunirent aussitôt aux Médiomatrices pour prendre part à leur expédition.

Inférieurs en nombre, exténués de besoins, et traqués sans relâche, les Germains furent chassés de forêts en forêts, d'îles en îles, et finirent par être acculés dans un terrain contourné par les grandes eaux du fleuve lui-même. Privés depuis plusieurs jours des barques qui les avaient amenés, et ne pouvant plus fuir, ils se résignèrent à combattre et le firent vaillamment, jusqu'à ce qu'ils fussent tués ou blessés au nombre d'une trentaine. De leur côté, les Gaulois comptèrent trois tués et une quinzaine de blessés.

Parmi ceux qui l'étaient le plus gravement, se trouvait le jeune Torvald, fils du chef d'un clan médiomatrice établi aux lieux où s'élèvent de la plaine les premiers gradins que domine le mont *Altitona* (Sainte-Odile). Au plus fort de la mêlée, il s'était élancé vers un Germain d'une taille colossale pour le frapper de sa lance, mais il fut prévenu par son ennemi dont le glaive long et lourd détourna son arme et, quoique légèrement dévié par son bouclier, pénétra profondément dans son flanc gauche. Au moment où il s'affaissait sur lui-même et allait être percé d'un second coup, inévitablement mortel, il fut préservé par le secours, aussi prompt qu'habile, de l'un de ses compagnons. Un cavalier séquane, *Rodvig*, venait de terrasser un Germain, lorsqu'il vit, à quelques pas de lui, le danger où se trouvait Torvald ; enlevant son cheval d'un bond prodigieux, il le jeta contre son ennemi qu'il renversa et cloua sur le sol d'un coup de lance.

Le combat finissait par la chute des derniers Germains, et le sauveur de Torvald n'eut plus qu'à descendre de sa monture et donner les premiers soins à celui qu'il avait si utilement secouru.

L'état du blessé était si grave qu'on reconnut l'impossibilité de le ramener à son clan, trop éloigné, et la nécessité de le transporter sans retard au village séquane le plus rapproché, qu'habitait Rodvig. Les compagnons de celui-ci se hâtèrent d'y retourner avec lui, emportant sur des civières de branchages, un de leurs guerriers tué, un autre trop grièvement blessé pour pouvoir se tenir sur son cheval, et Torvald presque mourant.

Après leur départ, les autres Gaulois jetèrent aux eaux du Rhin les Germains tués et ceux que leurs blessures empêchaient de marcher, réunirent en groupes les ennemis survivants, désarmés et déjà chargés des liens de l'esclavage qu'ils étaient destinés à subir à l'ouest des Vosges, leur firent emporter deux morts et deux blessés médiomatrices, et se mirent en chemin pour rejoindre leur clan, au pied du mont Altitona, où ils arrivèrent à la fin du troisième jour.

Il n'avait fallu que quelques heures aux Séquanes pour rentrer dans leur village et y déposer Torvald dans la demeure de Rodvig, où il reçut les soins d'un cubage, savant dans l'art de guérir, de quelques matrones habituées à adoucir les maux de la guerre, et surtout de celui qui lui prodiguait avec son accueil hospitalier les témoignages du plus vif intérêt.

Sous des conditions aussi favorables, la guérison de Torvald fut rapide, et trois semaines s'étaient à peine écoulées, qu'il avait repris des forces suffisantes pour retourner dans sa famille. Ce petit nombre de jours avait suffi aussi pour faire naître et contracter entre les deux jeunes gens une amitié sincère, qui devint de plus en plus profonde à mesure que chacun d'eux découvrit en l'autre les qualités qu'il possédait lui-même, la jeunesse et la beauté, la gaité et la pénétration de l'esprit, la franchise, la loyauté, la bonté, la générosité et la bravoure. Quoique Rodvig fût confondu dans la classe moyenne des hommes titrés et des guerriers de son clan, tandis que Torvald était le fils d'un chef riche et puissant, ils furent tous deux complètement insensibles à cette différence de leurs situations respectives, et ce fut avec une égale satisfaction que, sur les instances du Médiomatrice, le Séquane s'engagea à le suivre dans sa famille et à y passer quelque temps.

Dès que cette résolution fut prise, Torvald eut une telle impatience d'en jouir, qu'il en hâta l'exécution avec empressement, quoiqu'il n'eût repris encore qu'une partie de sa vigueur habituelle. Il fallait partir ! Rodvig y consentit, mais à condition qu'on ne ferait qu'en deux étapes le voyage que les deux bons chevaux qu'il y emploierait auraient pu faire en un jour.

L'arrivée des deux amis causa une grande joie au clan d'Altitona, où Torvald était fort aimé, et aux épanchements de tendresse que lui prodiguèrent son père, sa mère et sa sœur, se mêlèrent les témoignages de reconnaissance et de sympathie que ces trois personnes s'empressèrent de donner à son sauveur.

Il y eut ainsi quelques jours de bonheur complet ; mais bientôt Torvald s'aperçut que Rodvig n'en jouissait plus dans toute sa plénitude, et que, malgré les efforts qu'il faisait pour cacher ses impressions, son humeur, habituellement expansive et gaie, cédait à des atteintes de réserve silencieuse et de tristesse. Inquiet de ce changement, Torvald en demanda la cause à son ami qui le rassura en lui affirmant qu'il n'avait d'autres soucis que le regret de leur prochaine séparation.

Et cependant l'âme de Rodvig était agitée par des impressions nouvelles qu'il voulait combattre, et qui le troublaient d'autant plus qu'il faisait plus d'efforts pour les dissimuler, préférant cette fois manquer de franchise pour n'obéir qu'aux conseils de sa loyauté.

L'intimité à laquelle l'avait admis la famille de Torvald lui fit connaître dès les premiers jours les charmes d'intelligence et de caractère qui rendaient plus attrayantes encore les grâces et la beauté de la sœur de son ami, la jeune *Diéla*. Après ne s'être complu d'abord qu'à observer et admirer les dons précieux que la nature avait accordés à cette aimable et séduisante fille des Gaules, il se sentit entraîné vers elle par un amour irrésistible. Après avoir essayé vainement de combattre ce sentiment nouveau pour lui, il s'y soumit, mais avec la ferme résolution de le renfermer au plus profond de son cœur, car il le considérait comme dénué de toute espérance.

En effet, ne jouissant que d'une aisance modeste, il ne lui convenait pas d'aspirer à s'unir à l'opulente famille de Torvald; et cette différence de fortunes était moins importante encore que la distance des rangs qui le séparait, lui simple guerrier séquane, du puissant chef du clan médiomatrice d'Altitona ; de plus n'avait-il pas à craindre qu'en laissant connaître à la famille qui l'avait accueilli avec tant d'affection, l'amour qu'il avait osé concevoir, il ne s'y rendît suspect de vues intéressées et de la prétention de se faire récompenser du service rendu à Torvald ?

Aussi ferme dans ses résolutions que prompt à les concevoir et à les exécuter, Rodvig, après les adieux les plus affectueux, quitta le séjour hospitalier dont il avait joui auprès de son ami, et revint à son village, après une absence d'un mois environ. Il y reprit le cours ordinaire de son existence, sans se laisser abattre par les regrets dont il souffrait. Il ne sentait pas, comme plus tard l'éprouvèrent les Troubadours et Trouvères, le besoin de chanter les douleurs de l'amour déçu, il se contenta de renfermer secrètement dans son cœur celui qu'il conservait à la belle Diéla. Le seul changement qu'on put observer en lui, était que l'activité, la gaieté et l'insouciance qui l'avaient animé jusqu'alors, avaient fait place à des habitudes calmes, graves et quelque peu portées à l'isolement.

Une année entière s'était passée ainsi, sans autres incidents que plusieurs entrevues qu'il avait eues avec Torvald, soit dans la famille de celui-ci, soit dans sa propre demeure, ou dans des rendez-vous de chasse, et qui n'avaient fait que rendre leur amitié réciproque plus fidèle et plus inaltérable.

Un jour Torvald vint lui annoncer que sa sœur, ayant atteint l'âge de vingt ans, aurait prochainement à se choisir un époux parmi plusieurs jeunes gens qui aspiraient à ce titre; qu'à cette occasion il y aurait dans sa famille une grande fête à la fin de laquelle la jeune Gauloise ferait connaître, conformément à l'usage établi, celui de ses prétendants qu'elle préférerait. A ces communications, que Rodvig reçut sans trahir ses émotions, Torvald ajouta qu'il ne doutait pas de voir son meilleur ami assister à cette journée des fiançailles, et de la précéder de deux jours au moins.

L'épreuve fut rude pour le pauvre Rodvig, mais il ne faiblit point devant elle, et l'avant-veille de la fête où il devait voir Diéla se donner un maître, il était auprès d'elle et de ses parents, autour desquels s'empressaient plusieurs jeunes hommes désireux d'obtenir les bonnes grâces de la vierge médiomatrice.

Le lendemain de son arrivée, Rodvig se trouvait avec une vingtaine de jeunes guerriers dans une clairière voisine du village, et où Torvald les avait conviés pour s'y livrer en commun aux jeux et aux exercices qui étaient leurs divertissements habituels, tandis que des esclaves leur serviraient à volonté la bière et l'hydromel.

Cette réunion offrait un aspect varié et plein d'intérêt. Quelques-uns des assistants, et Rodvig se trouvait parmi eux, étendus sur des peaux de loups, causaient gaiément d'exploits de chasse ou de guerre. D'autres groupes se livraient, les uns à des jeux de hasard chers aux Gaulois, les autres à des exercices d'adresse ou de force qui donnaient lieu à des paris entre les concurrents. C'était à qui ferait les bonds les plus prodigieux en hauteur ou en longueur, ou parcourrait le plus rapidement un circuit déterminé, ou lancerait le mieux le javelot ou la flèche, ou encore porterait le plus vigoureux coup de hache, de glaive ou d'épée sur un billot de bois. La joie des vainqueurs, les protestations et les lazzis des vaincus, animaient la gaieté générale, qui ne fut suspendue un instant que par l'intérêt inspiré par un nouvel essai de forces proposé par l'un des jouteurs qui avaient eu le plus de succès dans les exercices précédents.

« Quelques-uns d'entre vous, dit-il d'un ton arrogant, m'ont presque égalé dans les amusements faciles auxquels nous venons de nous livrer; oseront-ils lutter avec moi dans des efforts plus sérieux ? Voyez ce bouleau dont le tronc s'élève droit et vigoureux ; qu'on attache un peu au-dessous de la cime un câble qui nous servira à l'incliner vers la terre ; celui qui lui fera prendre la courbe la plus profonde et l'y maintiendra le plus longtemps, sera le plus fort d'entre nous ! »

La proposition du vaniteux et robuste *Herfax* fut acclamée et promptement mise à exécution. Plusieurs athlètes saisirent successivement le câble, et parvinrent chacun à faire fléchir plus ou moins le bouleau qui se redressait dès qu'ils étaient à bout de leurs efforts. Torvald était un de ceux qui avaient obtenu les meilleurs résultats, lorsque Herfax s'empara du câble à son tour, fit incliner l'arbre plus bas qu'il ne l'avait été jusqu'alors, et le maintint le plus longtemps dans cette position, jetant autour de lui des regards triomphants. Herfax se croyait déjà vainqueur, lorsque Torvald appela Rodvig et l'engagea à déployer les forces qu'il lui connaissait et savait supérieures aux siennes. Le Séquane se prêta de bonne grâce au désir de son ami, qui poussa un cri de joie en voyant le bouleau se pencher lentement, dépasser de beaucoup ses inclinaisons précédentes, et rester courbé deux fois plus longtemps qu'il n'y avait encore été contraint.

Se voyant applaudi par tous ses concurrents, à l'exception d'Herfax froissé dans son amour-propre et mécontent, Rodvig leur dit en souriant : « Mon succès a été facile, braves amis, car l'arbre avait été ébranlé par chacun de vous, et mes efforts n'ont fait que compléter et achever votre œuvre. » Ces paroles furent appréciées comme elles devaient l'être, et attirèrent de nouvelles félicitations à Rodvig qui voulut s'y soustraire en retournant au groupe de causeurs dont il avait fait partie, lorsque l'attention générale se porta sur celui où l'on jouait aux jeux de hasard et d'où venait de s'élever le bruit d'une querelle.

Les esclaves chargés de servir la bière et l'hydromel, avaient eu fort à faire, plus peut-être auprès des consommateurs occupés à ces jeux, que parmi ceux qui prenaient part aux exercices de force et d'adresse. Quelques-uns de ces derniers donnaient à peine les signes d'un commencement d'ébriété, tandis que plusieurs des joueurs étaient déjà en état d'ivresse. Le jeu avait été ardent, et des objets d'ornement, des boucliers, des casques, d'autres armes encore, et jusqu'à des chevaux avaient changé de maîtres. L'un des perdants y avait été dépouillé de tout ce qu'il possédait, même de son habitation, et pour arracher à son adversaire tout ce que celui-ci lui avait enlevé, il lui proposa de le jouer dans une nouvelle et dernière partie, contre sa propre liberté sacrifiée par un engagement de trois ans de service personnel. Cette sorte d'enjeux était trop fréquente chez les Gaulois, pour que celui-ci ne fût pas accepté. Il fut fatal à celui qui avait demandé cette revanche suprême, et qui se vit l'objet de la commisération de ses anciens compagnons dont il n'était plus l'égal maintenant. Le maître qu'il venait de se donner le lui fit cruellement sentir en lui ordonnant de se retirer et d'aller rassembler tout ce qu'il lui avait gagné, et de se tenir prêt à exécuter ses volontés ultérieures.

Cet emploi, si prompt et si rude des droits du vainqueur, excita l'indignation de quelques amis du vaincu, et l'un d'eux la manifesta en termes violents adressés au premier, que défendirent aussitôt plusieurs de ses camarades les plus intimes.

La querelle s'envenima rapidement et déjà l'on allait chercher les armes déposées dans une partie du terrain qu'on avait destiné aux plaisirs et qui allait devenir le théâtre d'un combat, lorsqu'on vit approcher le vieux druide *Horik* dont l'aspect imposant et le geste impérieux arrêta sur place tous ces hommes agités de colère, et même ceux qu'aveuglait l'ivresse : « Le sang germain, dit-il d'une voix forte et sévère, est-il si complètement tari, qu'on veuille ici répandre du sang gaulois ? Faut-il qu'au lieu de combattre l'ennemi, on se batte entre compatriotes, entre amis ? Honte et anathème aux insensés que de viles passions ont poussés dans la voie des meurtres fratricides ? Qu'ils n'oublient pas, cependant, ce que peut contre eux mon autorité sacerdotale et plus encore la puissance occulte dont me font jouir les mystères sacrés des prêtres de nos Dieux ! Je mets fin à cette fête qui devient coupable ; que chacun se retire et rentre à sa demeure ! »

Craintifs et soumis, tous ces jeunes guerriers, aussi superstitieux que fiers aux combats, obéirent avec empressement aux ordres du druide. Torvald, peiné de voir terminé, avant la fin du jour, les amusements auxquels il les avait conviés, rentra chez ses parents, avec Rodvig qui, comme lui, n'avait pris aucune part aux jeux de hasard, ni à la querelle qu'ils avaient occasionnée.

Le lendemain, vers le milieu de la journée, une centaine de convives se réunissaient autour des tables dressées, en plein air, devant les bâtiments qui constituaient le domaine du vieux chef *Marcol*. C'étaient le druide Horik, les plus anciens et les plus dignes des membres du clan d'Altitona, ses guerriers les plus renommés, et une dizaine de jeunes hommes que leurs mérites personnels permettaient de considérer comme pouvant être l'objet du choix que Diéla devait faire de l'un d'eux pour devenir son époux.

Après avoir adressé quelques paroles bienveillantes à ses invités, Marcol les engagea à prendre leurs places et fit commencer le festin. A la droite du siège central le plus élevé qu'il occupait, étaient sa fille, puis le druide, et ensuite les deux plus âgés des convives ; et à sa gauche se trouvaient sa femme, un barde dont la grande chevelure et la grande barbe blanches attestaient l'âge avancé, et après celui-ci Torvald et son cher Rodvig qui comprimait énergiquement au fond de son cœur les douloureux regrets d'un amour sans espoir. Devant cette table de la famille du chef et de ses plus chers amis, les autres assistants s'étaient groupés librement selon leurs préférences personnelles.

Vers la fin du repas, Horik prit la parole pour rendre hommage aux dieux et raconter les détails d'un grand sacrifice qui venait de leur être offert, peu de temps avant, sur le haut plateau du *Champ du feu*, non loin du sommet du *Donon*.

Plusieurs présages funestes avaient été signalés chez les Médiomatrices habitant à l'ouest des Vosges, et avaient été confirmés par les observations faites par les druides sur les entrailles de trois victimes humaines immolées en trois endroits différents. Pour conjurer les dangers inconnus auxquels on se voyait exposé, on se résolut à invoquer la clémence des dieux par un grand sacrifice, et à cet effet on avait dressé, au Champ du feu, un immense bûcher surmonté d'une cage en bois affectant l'apparence d'un homme, et on y avait enfermé quatre esclaves germains dans la partie inférieure, et, au-dessus de celle-ci, trois Gaulois désignés par le sort dans la caste des serviteurs. Le bûcher construit en bois bien sec, devait donner peu de fumée et une flamme ardente ; « aussi, dit le druide Horik, dès qu'il fut allumé, on vit de longues langues de feu atteindre les Germains qui, fous de rage et de douleur, poussèrent d'effroyables hurlements, auxquels répondirent bientôt ceux des victimes gauloises atteintes à leur tour », « c'était, ajouta le prêtre, un pieux et imposant spectacle que celui de ces hommes, voués en expiation, poussant jusqu'au ciel leurs cris de torture et d'agonie, et dont les souffrances et la mort devaient attirer sur les Médiomatrices, la clémence de *Teutat*, le puissant dieu de la guerre. »

Au discours du druide succéda celui du barde qui, redressant sa haute stature, repoussa de son front ses longs cheveux blancs, et improvisa avec autant de dignité que de facilité et de grâce, des vers où, après avoir d'abord invoqué *Belen*, le dieu des arts, il chanta les gloires guerrières du clan d'Altitona et celles de son chef Marcol et de ses vieux compagnons. Après avoir rappelé leurs exploits, il prit un rythme plus doux, et célébra les vertus et les charmes de Diéla. Il dépeignit avec chaleur, l'étendue de son intelligence, la douceur et la bonté de son caractère, l'élégance de sa taille svelte et élancée, la grâce de son maintien et de ses gestes, la fraîcheur de son teint, la délicatesse de ses traits, la blancheur de ses dents, la couleur azurée de ses yeux, l'abondance et la souplesse de ses longs cheveux blonds, et l'harmonie de sa voix qu'il compara à celle de l'alouette, cette chanteuse aérienne aimée des Gaulois. De bruyantes et enthousiastes acclamations couronnèrent les paroles poétiques du barde, qui retentirent surtout dans le cœur de Rodvig et y creusèrent plus profondément encore les tourments qu'il endurait.

On vit alors se lever de son siège le fier

Herfax, lissant d'une main ses épaisses moustaches rousses, portant d'abord autour de lui des regards hardis dont l'expression devint douce et affectueuse lorsqu'il finit par les diriger vers Diéla, et prononcer d'une voix vibrante les paroles suivantes : « Je serais heureux de posséder une faible partie du talent avec lequel le barde vénéré et chéri de notre clan, vient de rendre hommage aux mérites de la vierge que nous admirons tous et dont plusieurs d'entre nous briguent le choix; mais je ne suis qu'un guerrier, et mes paroles ne valent pas mes actions. Je ne puis donc que proclamer les sentiments qu'elle m'inspire, et lui dire : Parmi ceux qui osent espérer vous avoir pour compagne, aucun ne l'emporte sur moi en richesse, en stature, en agilité, en force et en bravoure, et vous comblerez tous ces biens qui m'appartiennent, en acceptant l'offre que je vous en fais ! »

Après ces mots qui soulevèrent autant de murmures que d'approbations, un jeune eubage, d'un extérieur noble et sympathique, fit entendre les paroles suivantes, prononcées d'un ton doux et insinuant : « Quels que soient les avantages qu'un guerrier puisse offrir à une épouse, ils sont fâcheusement compensés par ses nombreuses absences, par les dangers auxquels il s'y expose, par ses habitudes de fréquenter les réunions où l'on se livre aux abus du jeu, de la boisson et des querelles, et par la rudesse trop commune de ses manières et de son caractère. Combien n'est pas préférable le sort de la compagne d'un membre du sacerdoce ; ne fût-il, comme je le suis encore, qu'aux degrés inférieurs de la hiérarchie de la corporation sacrée des prêtres de nos dieux. Dans une union de ce genre la femme n'a point à craindre les soucis du paiement des impôts, les inquiétudes et le chagrin de voir son mari livré aux absences et aux dangers de la guerre et les excès auxquels il peut s'abandonner aux temps de repos et de paix. Celui auquel elle a confié le soin de son existence, n'a point à la quitter, n'est exposé à aucun péril, jouit de la considération générale, et occupe un rang important dès qu'il est élevé à la dignité de druide. Telle est la destinée qui pourrait assurer des jours heureux à la belle Diéla, si elle daignait être favorable à mes vœux. »

Il n'y eut plus qu'un seul des prétendants à la main de Diéla qui voulut ou osa exprimer ses pensées. Marchand plein d'activité et d'intelligence, fort riche déjà malgré sa jeunesse, il voyait sa fortune s'accroître par chaque voyage qu'il faisait dans les contrées, même très éloignées, où il avait su se créer des relations commerciales. Il vanta le bien-être progressif que procure la carrière qu'il suivait, l'étendue des connaissances qu'on y acquérait, et la situation influente qu'y prenait la maîtresse du ménage ; et il termina par une chaleureuse et éloquente prière adressée à Diéla, au bonheur de laquelle il jurait de dévouer sa vie.

Les conversations particulières reprirent

alors leur cours parmi les convives, et ne furent plus interrompues jusqu'au moment où le druide annonça que, selon l'usage admis par plusieurs nations gauloises, Diéla allait, une coupe à la main, passer devant les assistants et ne s'arrêter que pour l'offrir à celui d'entre eux qu'elle choisirait pour époux. Horik recommanda de garder le silence pendant toute la durée de la démarche accomplie par la jeune fille, dont aucun geste, aucune parole ne devait troubler la sérénité.

L'anxiété se peignit alors sur les visages de tous ceux dont le sort dépendait du dénouement de cette intéressante cérémonie, tandis qu'une vive curiosité se montrait sur les physionomies de tous les autres, et c'est par un suprême effort d'énergie que Rodvig parvint à paraître calme.

L'émotion était générale, et toute l'assemblée se tenait debout dans une respectueuse contenance, lorsque Diéla, grave et pensive, saisit la coupe où son père versa de l'hydromel, et s'avança gracieusement vers la droite, en passant devant le druide et les deux vieillards placés après lui. Elle continua sa marche devant les rangs de tous ces amis ou clients du vieux chef, accordant à chacun d'eux un regard bienveillant ou affable, mais elle ne s'arrêtait devant aucun. Les jeunes gens qui avaient élevé jusqu'à elle leurs désirs et leurs vœux restaient déçus et attristés, et tous les spectateurs de cette scène muette s'attendaient à la voir finir sans résultat, car la marche de Diéla l'avait déjà ramenée à l'extrémité gauche de la table où siégeait sa famille. C'est là que se tenait Rodvig, près de Torvald, et c'est là que Diéla s'arrêta un instant ; puis, faisant un pas vers l'ami de son frère, elle lui tendit la coupe, en rougissant et souriant à la fois.

Surpris, pâle d'émotion et ayant à peine conscience du bonheur qui l'accablait, Rodvig saisit la coupe d'une main et de l'autre prit celle de Diéla qu'il pressa tendrement en disant : « Vous avez donc deviné mon secret ? »

— « C'était facile, répondit-elle, car j'avais le même ? » Torvald, montrant ses parents à Rodvig lui dit : « Frère, voici ton père et ta mère ! » Marcol, pressant la main de Rodvig lui adressa ces mots affectueux : « Ma fille ne pouvait choisir personne qui valût mieux que le sauveur de son frère. » — « Et moi, ajouta la mère de Diéla, en la tenant dans ses bras, je suis heureuse d'avoir maintenant deux fils également dignes de mon affection. »

SEPTIÈMES VUES

Les Gaules attaquées par les Romains; secours aux Massaliotes. — Allobroges, Arvernes et *Bituit*. — Première province romaine et colonie de Narbonne. — Cimbres et Teutons. Helvétiens. — Arioviste. — Vercingétorix. — La Gaule entière réduite et partagée en quatre provinces. — Résignation et soumission générales des Gaulois; derniers opposants. — Episode caractéristique : *Sigor et Véda*.

La Gaule avait été longtemps la terreur des Romains; ils l'attaquèrent à leur tour. Ils y entrèrent pour la première fois (154 av. J.-C.), pour secourir les Massaliotes contre les Ligures, et soumirent ceux-ci à leurs alliés.

Assaillis par les Gaulois-Salyes, les Massaliotes appelèrent de nouveau les Romains à leur aide (124 av. J.-C.). Les Salyes furent vaincus et leur proconsul Sextius Calvinus fonda la ville d'Aix, où il établit une colonie romaine. Deux ans après, profitant de la guerre que les Éduens faisaient aux Allobroges, les Romains s'allièrent aux premiers, et attaquèrent les seconds qui avaient refusé de leur livrer le chef des Salyes auquel ils avaient donné asile après sa défaite. Malgré leur alliance avec les Arvernes, les Allobroges furent vaincus, et il en fut de même, l'année suivante, des Arvernes dont le roi *Bituit*, pris par trahison, fut conduit à Rome et trainé en captif au triomphe de son vainqueur Domitius. Le pays des vaincus fut réduit en province romaine, et peu de temps après, la soumission de quelques tribus gauloises permit aux Romains d'établir une importante colonie à Narbonne. Ces possessions romaines faillirent périr sous le choc d'une invasion de Cimbres et de Teutons dont l'armée fut détruite par Marius, à Verceil, 101 ans avant notre ère.

Une quarantaine d'années plus tard, César commandait les pays gaulois soumis aux Romains. Les Séquanes étant en guerre avec les Eduens, appelèrent à leur aide le roi des Suèves, Arioviste, qui fit peser son pouvoir sur les deux nations hostiles. Elles s'unirent alors pour le repousser, et dans ce but s'allièrent aux Rauraques et laissèrent pénétrer sur leur territoire un peuple entier de Helvétiens, que César extermina d'abord ; puis il s'avança vers le Rhin, au-delà duquel il rejeta, par une grande victoire, Arioviste et ce qui lui restait de ses Suèves. Le lieu où cette bataille a été livrée n'est pas déterminé, mais d'après ce qu'on sait de la poursuite que la cavalerie romaine fit aux Germains en fuite jusqu'à la rive gauche du fleuve, elle ne peut avoir eu pour théâtre que la partie méridionale de l'Alsace, chez les Rauraques ou les Séquanes.

Voyant sa puissance consolidée par ses deux dernières victoires, César n'eut plus qu'à continuer la conquête des nations gauloises, toujours divisées entre elles, et qui ne résistaient que les unes après les autres. Et cependant, malgré ces conditions qui lui étaient si favorables, il ne parvint à les soumettre toutes qu'après sept campagnes successives. Dans l'une d'elles, la troisième, il eut à refouler au-delà des confluents de la Moselle et du Rhin, une formidable invasion de Germains. C'est dans la sixième qu'il eut à supporter la lutte la plus énergique, contre les Gaulois défendant leur indépendance nationale, dans le pays des Arvernes, où ils avaient de toutes parts rassemblé leurs guerriers sous les ordres d'un jeune chef appelé *Vercingétorix*.

Après de nombreux combats où les Gaulois eurent plusieurs fois l'avantage, ils furent obligés de se réfugier dans Alésia, place forte située sur une hauteur, et que Vercingétorix défendit héroïquement avec quatre-vingt mille hommes qui lui restaient encore.

Avant d'être complètement cerné par l'ennemi, Vercingétorix renvoya ses cavaliers, devenus inutiles, et qu'il chargea de faire un appel suprême aux nations gauloises. D'après les historiens romains, qui ont certainement exagéré ces nombres pour augmenter la gloire de César, deux cent cinquante mille Gaulois vinrent au secours de Vercingétorix. Mais le général romain avait entouré son camp de fortifications si considérables, que les Gaulois ne purent s'en emparer et qu'ils furent mis en déroute à la fin d'une bataille sanglante. Après y avoir pris part, avec toutes ses forces, Vercingétorix, réduit à l'impuissance, rentra dans Alésia, y rassembla son conseil, et y prononça ces nobles paroles : « Nous avons combattu pour la liberté des Gaules, et nous sommes vaincus ! Il faut céder au sort ! Pour le rendre moins sévère de la part des vainqueurs je dois être livré, mort ou vivant, à César ; choisissez ! »

César fut averti que Vercingétorix se rendrait à lui, mais il exigea en outre la remise des armes et des principaux chefs, qui devait lui être faite sur une éminence située en avant de son quartier général. Il avait à peine pris place sur cette hauteur, où il devait décider du sort des vaincus, qu'on vit s'avancer Vercingétorix, revêtu d'une brillante armure et monté sur un cheval fougueux dont il arrêta le galop devant les chefs romains. Là, le fier Gaulois, mit pied à terre, et, sans prononcer une parole, jeta devant lui, son casque son bouclier, et son glaive.

César l'accabla de reproches et d'injures et fit charger de chaînes l'intrépide guerrier dont ces odieux traitements ne troublèrent pas le calme plein de noblesse. Cette glorieuse victime du patriotisme fut conduite à Rome, et jetée dans un cachot, dont elle ne sortit que pour assister, au bout de six années, au triomphe de César, qui eut la cruauté de lui faire trancher la tête par la hache d'un bourreau (46 ans av. J.-C.).

Quatre années avant cette odieuse exécution

du héros gaulois, César avait déjà réduit la Gaule entière en province romaine.

Séduits par la civilisation supérieure des Romains, par la gloire de César, par les honneurs qu'il prodigua aux hommes les plus influents, par les soins qu'il mit à respecter l'organisation administrative des cités, et surtout par la création d'une légion composée uniquement de Gaulois et qu'il nomma *Alauda* ou alouette, parce qu'ils aimaient cet oiseau, les peuples de la Gaule oublièrent leur indépendance si souvent troublée par leurs guerres intestines, et ne résistèrent plus à la domination romaine.

Ils restèrent presque indifférents aux changements administratifs qu'Auguste leur imposa dès les premiers temps de son règne, durant les dernières années qui précédèrent l'ère moderne. Au mépris de leurs anciennes nationalités, ménagées par César, son successeur les fondit entre elles en quatre provinces : l'Aquitaine, entre les Pyrénées et la Loire ; la Narbonnaise, entre les Pyrénées, le Var la

Méditerranée, les Alpes, le Rhône et les Cévennes ; la Lyonnaise ou Celtique, entre la Loire, la Seine et la Saône ; et la Belgique entre la Manche, la Seine, la Saône et le Rhin.

Les Gaulois se montrèrent plus sensibles aux changements que subirent leurs croyances et leurs mœurs religieuses. Leurs dieux étaient reniés ou transformés en dieux romains et les druides, de plus en plus refoulés vers l'Armorique, étaient remplacés par les prêtres des divinités latines.

L'affaissement de l'esprit d'indépendance nationale n'était pas assez absolu pour qu'il ne restât pas, dans un grand nombre de cœurs généreux, d'énergiques sentiments d'opposition et de haine à l'étranger, et il s'en trouvait surtout dans les lieux écartés et moins exposés aux séductions de la civilisation romaine. Aussi s'étaient-ils conservés intacts dans un petit clan gaulois qui habitait le *val de la Roche*, presque isolé du contact des pays voisins, au pied des monts vosgiens qui portent le plateau du *Champ-du-feu* et la cime élevée du *Donon*.

Ce clan avait pour chef le brave *Sigor* dont l'aïeul avait trouvé la mort auprès de *Bituit*, dans les champs de bataille des Arvernes et des Allobroges, et dont le frère avait péri, à ses côtés, sous les murs d'*Alésia*. Le vieux guerrier avait auprès de lui, sa fille *Véda*, jeune druidesse qui, après avoir visité les retraites mystérieuses des prêtres et prêtresses de l'Ile de Sein, et des forêts de l'Armorique, était revenue lui consacrer sa vie et sa tendresse. Elle était digne, par ses grâces et ses vertus, de l'amour que lui portait son père qu'elle aidait avec zèle dans les soins qu'il mettait à faire de son fils adolescent, *Naxur*, un homme qui méritât leur double affection et l'attachement de leurs subordonnés.

Sigor et Véda s'affligeaient souvent de ne pas voir se développer dans Naxur toutes les qualités qu'ils désiraient lui voir acquérir. Il était beau et robuste, habile aux exercices du corps, affable et bon, intelligent et prompt à concevoir; mais léger, insouciant, oublieux des choses connues, même les plus graves, avide des plus nouvelles, et peu sensible aux sentiments élevés et enthousiastes.

Ces défauts se manifestèrent de plus en plus, et dès qu'il approcha de sa vingtième année, il avoua à sa sœur son ardent désir de quitter le clan de la Roche, pour se rendre à quelqu'une des cités gauloises que les Romains embellissaient chaque jour, par leurs travaux, leurs arts et les effets de leur civilisation. Il aspirait à apprendre leur langue, à s'instruire de leur savoir, et à connaître leurs mœurs, leurs habitudes et leur manière de vivre. « Je veux, disait-il, perdre mon ignorance de demi-sauvage, et m'éclairer des lumières que possèdent ces étrangers, qu'ils font briller sous nos yeux, et qu'ils auront répandues dans toutes les Gaules avant qu'elles aient pénétré dans notre vallée natale, si je ne les y rapporte plus tard avec moi ! »

Véda, invinciblement attachée, comme son père, à tout ce qui constituait la nationalité gauloise, et imprégnée de la même haine qu'il portait aux vainqueurs de son pays, combattit avec force les intentions de son frère. Elle le vit avec désespoir se résoudre à les exécuter, ce qui ne manquerait pas d'exciter l'indignation de Sigor et de faire éclater des dissensions et des luttes fatales entre lui et son fils.

Aussi ardent dans ses désirs que léger à les concevoir et tenace à les satisfaire, Naxur mit peu de temps à les déclarer au vieux chef qui voulut, mais en vain, y opposer son autorité paternelle. Le fils ingrat était maître de sa destinée, et brisant les liens qui l'attachaient à sa famille, à son clan, à son lieu natal, il partit pour *Argentorat*, assurant d'ailleurs qu'il reviendrait après un séjour d'une année au plus.

A cette époque des derniers jours antérieurs

à notre ère moderne, Argentorat (Strasbourg) était déjà une ville importante par sa population et sa situation sur la grande rivière de l'*Ill* qui, pendant son parcours de 150 kilomètres, avait recueilli, dans la plaine d'Alsace, les eaux de nombreuses rivières descendant des Vosges, et venait les déverser dans le Rhin à peu de distance de la cité.

L'ensemble de ces conditions l'avait fait choisir par les Romains pour y établir une de leurs plus fortes stations militaires, et pour y déployer l'activité de leurs ressources politiques, administratives et commerciales. On y parlait déjà le latin autant que la langue gauloise, et les diverses institutions qu'on y avait établies, lui donnaient tous les caractères d'une des grandes cités gallo-romaines de l'empire d'Auguste.

Naxur fut ravi de toutes les choses nouvelles qui s'offraient à ses regards, et qu'il comptait observer et étudier pendant la durée assignée par lui-même au séjour qu'il devait y faire. Malgré le mécontentement de son père, il en avait obtenu quelques moyens de subvenir à ses besoins, et un appel d'aide et de protection en sa faveur, adressé par le vieux chef à plusieurs de ses anciens compagnons résidant à Argentorat.

Avec l'ardeur qu'il mettait à tout ce qui était nouveau pour lui, il se livra à l'étude de la langue, des mœurs et des habitudes des Romains, et même des affaires commerciales développées par leur présence, et à quelques-unes desquelles il prit part avec un succès suffisant pour s'assurer une existence libre et facile. En peu de temps, il se fit remarquer par son intelligence, son instruction supérieure à celle de la plupart des hommes de sa race, son habileté dans l'emploi des forces corporelles, et l'affabilité de son caractère. Il se lia facilement avec des jeunes gens de son âge, Gaulois et Romains, et participa gaiement à leurs réunions et à leurs plaisirs. Il n'était plus, comme il le disait lui-même, le demi-sauvage du val de la Roche, mais un aimable et joyeux compagnon, bien accueilli dans les familles des plus notables habitants d'Argentorat.

Le cours de ses succès ne lui fit pas cependant oublier entièrement son affection pour son père et sa sœur, qu'il en informa à diverses reprises par des missives qu'il croyait devoir leur être agréables, tandis qu'au contraire elles augmentaient leurs regrets et leurs chagrins, en leur laissant mieux apprécier chaque fois la distance toujours plus grande qui le séparait d'eux.

Comme ils s'y attendaient, le temps fixé pour son retour s'écoula sans le ramener, et ne fit qu'augmenter leur affliction, que redoublèrent encore les années suivantes.

Parmi les Romains occupant un poste officiel à Argentorat, se trouvait l'oncle d'un jeune centurion de la huitième légion, avec lequel Naxur avait contracté les liens d'une amitié intime. Bien accueilli par ce parent de son ami *Marcus*, Naxur le fréquentait avec d'autant plus d'assiduité, qu'il trouvait auprès de lui sa nièce *Virginia*, sœur du centurion, et douée de toutes les séductions que l'Italie prodigue aux filles issues de son heureux climat.

Promptement enivré des charmes de la jeune et belle étrangère, Naxur conçut pour elle un ardent amour, et se crut arrivé au comble du bonheur quand il vit sa passion agréée par celle qui en était l'objet.

Marcus n'y faisant aucun obstacle, la fit connaître à son oncle, qui lui-même ne s'y opposa point, mais exigea cependant, qu'avant de consentir à l'union de sa nièce avec un gaulois, celui-ci donnât une preuve efficace de sa fidélité à la domination romaine.

Après de longues réflexions et délibérations il fut convenu que le mieux à faire, tant pour la garantie exigée de Naxur que pour assurer son sort et celui de Virginia, il s'engagerait dans la légion gauloise *Alauda*, où grâce à ses aptitudes et à sa supériorité sur le plus grand nombre de ses compatriotes qui en faisaient partie, ainsi qu'à la puissante protection du fonctionnaire romain, il serait promu au grade de centurion.

Ce projet, adopté par tous ceux qu'il intéressait, reçut une prompte et facile exécution, et il ne s'agissait plus que d'en faire agréer le but au père de Naxur, dont l'assentiment était considéré par Virginia comme indispensable à son propre consentement.

Informé de ces faits par un message qu'il reçut de son fils, dans la cinquième année de son absence, Sigor ne lui accorda aucune réponse. Cédant alors aux inspirations de son esprit léger et imprévoyant, Naxur ne douta pas que de même qu'il avait cédé aux instances de son départ, son père ne résisterait pas à celles de son union avec Virginia, surtout s'il était mis à même d'apprécier tous les mérites de cette jeune fille. Dès ce moment il ne fut plus occupé que d'une excursion à faire au Val de la Roche, en compagnie de Virginia et de Marcus, afin de les présenter à Sigor et à Véda, dont ils ne pourraient manquer de gagner l'affection. Soumis à l'influence des sympathies qu'il voyait régner autour de lui entre les Gaulois et les Romains, il oublia les sentiments patriotiques de Sigor et la haine qu'il portait aux dominateurs de son pays, et ne songea pas même à la faire connaître à Virginia et à ses parents, auxquels il assura que le silence du vieillard ne pouvait avoir aucune cause hostile à leurs vues. Il leur dépeignit le petit voyage au Val de la Roche sous des couleurs riantes, leur décrivit avec chaleur la beauté de ses montagnes, son brûlant désir de les revoir avec eux, la tendresse que sa sœur Véda avait toujours eue pour lui, et les mœurs hospitalières et généreuses de son père. Il était éloquent, il était aimé, et finit par obtenir de Marcus et de Virginia la promesse de l'accompagner au Val de la Roche.

Et cependant, dans ce lieu solitaire, le chagrin et l'indignation régnaient dans le cœur de Sigor depuis qu'il avait reçu le dernier et fatal message de son fils, et, tout en partageant ses

impressions, Véda faisait de vains efforts pour
le consoler.

Tous deux se trouvaient un jour, à la fin
d'une belle matinée, placés sur des sièges élevés, au haut bout d'une table où ils achevaient
de prendre leur repas et de présider à celui
d'une vingtaine de clients et de serviteurs,
leurs commensaux habituels, lorsqu'ils virent
accourir un de leurs pâtres, pressé de les informer que deux cavaliers romains et une
dame assise dans une litière portée par deux
mules, allaient arriver à la barrière des palissades qui entouraient le village.

« Qu'on les fasse entrer dans l'enceinte, dit
Sigor, dont un pressentiment inquiet ne trou-
bla pas le calme apparent, et qu'on les con-
duise au bâtiment réservé aux voyageurs, où
ma fille va se rendre pour les recevoir. Véda,
allez auprès de cette dame et de ses compagnons, et veillez à ce qu'ils soient traités avec
les égards dus à des hôtes, quels qu'ils soient. »

Après une absence assez prolongée pour

redoubler les inquiétudes de son père, Véda, émue et troublée, le rejoignit dans la salle des repas où il était resté seul, et lui apprit qu'elle venait de voir Naxur, son ami Marcus et la sœur de celui-ci, Virginia, la jeune Romaine dont il était épris. « Votre fils, ajouta-t-elle, m'a revue avec les épanchements d'une vive et tendre affection, et est impatient de vous exprimer les mêmes sentiments. Les deux personnes qui l'accompagnent paraissent fort distinguées et dignes d'estime et d'intérêt. Ah! mon père, je tremble de vous voir agité comme vous l'êtes! Songez que Naxur est mon frère, qu'il est votre fils; que liée par mes vœux de virginité, je ne puis vous donner de postérité, et que, sans Naxur, le clan de la Roche verra s'éteindre en vous le dernier chef de notre glorieuse race! Oh! père que j'aime si tendrement, et que je vénère plus encore, soyez plutôt indulgent que sévère! »

Sigor resta quelque temps plongé dans de profondes réflexions, laissant échapper malgré lui les indices du violent combat qui se livrait dans son âme et les sentiments contraires qui l'agitaient. Enfin ses traits prirent l'expression d'une résolution inébranlable, et il dit à sa fille de chercher Marcus et Virginia, et de les introduire dans la salle d'honneur où il allait les attendre.

Il s'y trouvait depuis peu de temps lorsque Véda y entra, tenant Virginia par la main et suivie de Marcus, dont le costume romain le fit tressaillir, sans que d'ailleurs cette impression l'empêchât d'échanger courtoisement avec les deux étrangers les courtes salutations imposées par l'usage.

Après s'être assis, la sœur près de son frère, la fille près de son père, celui-ci commença l'entretien par les paroles suivantes : « Quoique je connaisse, par un message de mon fils, les liens qui l'attachent à vous, jeunes étrangers, je désire quelques mots d'explication sur les motifs qui vous ont amenés dans ma demeure. »

— « Je vais vous les dire dans toute leur sincère simplicité, répondit Marcus. Votre fils était mon ami depuis près de trois ans, lorsque mon oncle, accompagné de ma sœur, vint remplir à Argentorat des fonctions administratives importantes qu'il exerce depuis plus d'une année. Présenté par moi, Naxur fut bien accueilli par mon oncle et ma sœur, et conçut pour celle-ci un amour qu'elle agréa au bout de quelque temps, à ma grande satisfaction. Le parent auquel Virginia est soumise avec une vive affection ne mit pas obstacle aux prétentions de Naxur, mais ne consentit à y satisfaire que si celui-ci donnait une preuve de sa soumission au gouvernement actuel du pays. C'est ainsi que Naxur est devenu centurion dans la légion gauloise d'Alauda et nous pensions que cette position qui lui est si avantageuse, serait fort appréciée par sa famille, et y rendrait agréable son désir de s'unir à la nôtre. Ce n'est donc pas sans surprise que nous apprimes de lui, qu'il n'avait reçu de vous aucune réponse à ce sujet ; mais il n'attribua votre silence qu'aux habitudes de votre vie solitaire, et obtint sans beaucoup de peine, que ma sœur et moi venions avec lui, rendre hommage à votre double dignité de père et de chef du clan de la Roche. Dois-je ajouter maintenant que nous sommes étonnés de ce qui se passe ici depuis notre arrivée, et commençons à craindre qu'elle ne soit pas appréciée comme elle mérite de l'être ! »

— « Ne croyez pas, dit aussitôt Sigor, dont la voix trahissait quelque émotion, que je sois capable de juger aussi injustement ce que vous avez fait avec loyauté et bienveillance. Je suis sensible, au contraire, et ma fille encore plus que moi, aux sentiments qui vous ont conduits auprès de nous. Aussi, est-ce avec regret que je vais les blesser peut-être, en vous découvrant les miens, et la faute qu'a commise Naxur en ne vous les faisant pas connaître.

» Il y a 150 ans que votre peuple a commencé

à attaquer le mien, et depuis cette époque mes ancêtres et moi avons pris part à leurs luttes. Malgré les efforts des Gaulois, rendus inutiles par leurs divisions intestines, ils sont réduits aujourd'hui à subir le pouvoir de Rome. Mais quel que soit le présent, et quel que puisse être l'avenir, l'oubli du passé ne doit pas pénétrer dans le cœur de ceux qui ont combattu vos légions, et qui les ont vu verser le sang de leurs pères et de leurs frères, charger de chaînes et vendre comme esclaves plus de cent mille de leurs compagnons vaincus, et fouler aux pieds l'indépendance de leur patrie. Vieux soldat de Vercingétorix, je sens encore après cinquante ans, l'horreur du traitement cruel qu'a subi ce héros. A l'amour que je porte à mon pays, je joins la haine que m'inspire la nation qui s'en est rendue maîtresse, quelles que soient sa grandeur, sa puissance et sa supériorité sociale. Les passions que j'éprouve ne m'aveuglent pas cependant sur l'injustice qu'il y aurait à les étendre indistinctement sur les personnes, et j'estime autant le Romain qui sert bien sa patrie que je méprise le Gaulois qui renie la sienne. Je ne peux donc offenser, ni vous, brave guerrier fidèle à vos devoirs, ni votre jeune sœur dont la vue seule suffit pour attirer le respect et la sympathie, en vous déclarant que ni Sigor ni sa fille ne consentiront volontairement à s'allier à une famille romaine. Quant à Naxur, il a depuis longtemps oublié et dédaigné mon autorité, et il est libre de ses actions. »

— « Noble chef, répondit Marcus, sans approuver vos rancunes ni votre inutile résistance aux faits accomplis, je m'incline avec respect devant les sentiments qui vous inspirent. Quant à Naxur, à qui j'ai à reprocher d'avoir agi avec une extrême légèreté dans ses relations avec ma famille, je laisse à ma sœur de décider les résultats qu'elles doivent avoir. »

Virginia alors, quoique ayant encore quelque difficulté à parler la langue gauloise, exprima sa ferme volonté de ne jamais se lier à une parenté dont elle n'avait pas l'affection et dont les impressions seraient défavorables à sa dignité et à ce qu'elle se devait à elle-même.

Véda se leva pour s'approcher d'elle, lui saisit la main qu'elle pressa sur son cœur et lui dit : « Eloignez de votre esprit cette dernière pensée, je vous en conjure ! Malgré les fautes de mon frère, je l'aime comme je l'ai toujours aimé, et celle qui avait reçu et partagé son amour, me laissera un souvenir ineffaçable de reconnaissance et de regrets. »

Dès que Véda eut prononcé ces paroles, Marcus émit le désir de mettre fin à un entretien pénible, et de partir immédiatement pour atteindre, avant la fin du jour, le village de la plaine où ils avaient passé la nuit précédente. Il persista dans sa résolution, malgré les instances de Sigor, qui lui demandait de laisser sa sœur prendre avec lui un repos nécessaire, en prolongeant leur séjour jusqu'au lendemain.

Cédant à la volonté des deux jeunes Romains, le chef gaulois reçut leurs adieux et chargea Véda de veiller aux soins qui devaient précéder leur départ, et de leur donner une escorte de quelques cavaliers chargés de les accompagner jusqu'au dehors du val de la Roche.

Lorsqu'elle eut rempli les ordres qu'elle avait reçus de son père, Véda, tout en larmes, revint auprès de lui et l'informa du chagrin causé à Naxur par le départ de ses amis et par la froideur des adieux qu'ils lui avaient faits, et de son impatience d'être enfin admis à son tour en présence de Sigor.

Peu d'instants après, le vieux chef vit entrer son fils, amené par Véda et qui, sur un signe impérieux de sa main, s'arrêta à quelques pas devant lui. Naxur ne portait plus les longs cheveux et les moustaches des guerriers gaulois, et était revêtu de la tenue et des insignes militaires de son grade dans la légion d'Alauda; sa stature et son attitude étaient martiales, et sa beauté remarquable; il paraissait violem-

11.

ment agité et ne pouvait se contenir qu'avec peine sous les regards de son père, à qui il adressa les plaintes et les reproches qui l'obsédaient.

« Est-ce ainsi qu'après cinq années d'absence, je dois être reçu par mon père, dans la maison où ma mère m'a donné le jour? Cette demeure est donc devenue bien inhospitalière, pour qu'on en ait repoussé les personnes chéries que j'y avais amenées pour les présenter au chef du clan de la Roche, auquel elles voulaient offrir leurs hommages! Que dois-je penser d'un tel accueil, et que dois-je croire?

— Vous devez penser, dit Sigor d'une voix ferme et sévère, que vous paraissez devant un chef dont vous avez bravé l'autorité et devant un père que vous avez blessé dans tous ses sentiments. Vous qui, malgré moi, m'avez quitté, sous prétexte d'étudier pendant une année les prétendus progrès faits dans les Gaules, pour en faire jouir, à votre retour, vos frères du clan de la Roche, qu'avez-vous fait depuis

» Vous avez prolongé votre séjour dans une ville devenue plus romaine que gauloise, et vous n'en avez rapporté aucune de ces lumières qui devaient éclairer la prospérité future de votre vallée natale !

» Oublieux de vos devoirs envers moi et envers ceux dont vous deviez devenir le chef après moi, vous avez contracté des relations amicales avec les oppresseurs de votre pays ! Vous avez pris, avec leur langage, leurs habitudes et leurs mœurs !

» Vous avez accepté la transfiguration de vos Dieux en divinités nouvelles et étrangères ; vous avez oublié la gloire et l'indépendance de votre patrie, pour porter le joug des vainqueurs qui la foulaient insolemment sous leurs pieds? vous avez serré dans vos mains, ces mains romaines encore chaudes du sang de vos compatriotes, dont les pères ont péri avec mon aïeul et mon frère, dans les champs des Arvernes, sous les glaives des pères de vos nouveaux amis! Et vous n'avez pas songé à ces milliers de Gaulois traînés en esclaves à Rome, où on les a vendus et les vend encore comme un vil bétail !

» Sans égard pour l'ancienneté et la pureté de ma race, vous avez voulu me donner pour petits-fils des enfants romains, et pour arriver à ce but odieux, vous êtes descendu au rang de soldat mercenaire des Romains. »

Tout atterré qu'il fût sous le poids des reproches qui l'accablaient, Naxur s'écria cependant : « Je suis centurion dans une légion gauloise, entièrement et uniquement gauloise ! »

— Oui, reprit Sigor avec amertume, une légion gauloise à la solde et aux ordres des Romains ! Vous n'êtes qu'un traître, vous dis-je ! Traître à vos Dieux, traître à votre patrie, traître à vos pères et à vos frères ! Vous les avez tous reniés, et par ma voix ils vous renient tous ! — Et moi, je vous renie pour mon fils ! Partez, quittez cette demeure que vous souillez par votre présence et dont votre honte est le premier déshonneur ! Quittez-la pour toujours, je vous bannis, je vous...

— Père, oh père, ne le maudissez pas ! s'écria Véda mourante d'angoisses.

— Soit, dit Sigor, par amour pour toi et par souvenir de ta mère, je ne le maudirai pas ; mais je le livre aux fureurs de *Tarann* dont les tonnerres l'empêcheront peut-être de trop prolonger une vie de honte et de trahisons. »

Éperdu et fou de douleur, Naxur se précipita hors de la salle où son père venait de le juger et de le condamner. Il fut suivi de Véda avec laquelle il échangea des adieux désespérés, s'élança sur son cheval, et s'éloigna par un galop fougueux de son pays natal qu'il ne devait plus revoir.

Depuis ce jour fatal, une morne tristesse régna dans la demeure de Sigor. Le poids des ans, qui jusqu'alors n'avait pu faire fléchir sa vigoureuse vieillesse, l'affaissa peu à peu et finit par l'abattre. Au bout de peu d'années, il mourut entre les bras de sa fille, conservant encore l'espoir qu'un jour la race gauloise reprendrait son indépendance.

Dès que le clan de la Roche se fut choisi un nouveau chef, Véda se retira dans une partie solitaire du domaine de son père. C'est là qu'elle apprit, par les renseignements qu'elle faisait toujours prendre sur le sort de son frère, que celui-ci, peu après la mort de son père, avait péri glorieusement et après avoir montré un courage héroïque dans un combat livré aux Germains par la légion gauloise Alauda, près du confluent de la Moselle et du Rhin.

Ce n'est qu'à la fin d'une vingtaine d'années d'isolement, de regrets et de chagrins que Véda suivit à son tour ceux qu'elle avait tant aimés. Le souvenir de la vieille druidesse fut longtemps vénéré par les Gaulois du Val de la Roche.

HUITIÈMES VUES

Révoltes de *Sarcovir*, de *l'index*, de *Civilis* et de *Sabinus*. — Empire gaulois distinct de Posthumus à Tétricus. — Insurrection des Bagaudes.—Confédérations des Allemands, des Francs. — Probus, Constance-Chlore, Constantin, Constance, Julien, Valentinien, Arbogast, Alaric, Aétius, Attila, Clodion, Mérovée et Childeric. — État de la Gaule devenue latine. —Monuments et principales villes d'Alsace. — Routes romaines. — Introduction du Christianisme. — Invasions de la Gaule au cinquième siècle. — État de l'Alsace à l'arrivée d'Attila; *une scène des ravages faits par les Huns*.

Pendant cinq siècles, la Gaule fit partie de l'Empire romain, dont elle fut l'une des plus puissantes et plus florissantes provinces. Depuis le règne d'Auguste, il ne s'y produisit plus que trois soulèvements de quelque importance.

En l'an 21, les Éduens et quelques autres tribus, se révoltèrent contre Tibère. Ils avaient pour chefs le Trévire *Florus* et l'Eduen *Sarcovir*, et furent vaincus. Après une première défaite, Florus se tua, tandis que Sarcovir combattit encore et se retira à Autun dont il s'était rendu maître ; mais, voyant l'inutilité de sa résistance, il se rendit, avec ses principaux chefs, dans une maison de campagne isolée, et s'y donna la mort lui-même ; ses amis mirent le feu à la maison et s'y entre-tuèrent les uns les autres.

En 68, les Éduens, les Séquanes et les Arvernes, sous les ordres de *Vindex*, proclamèrent empereur *Galba*, qui commandait les légions espagnoles, pour l'opposer à Néron ; mais ils furent vaincus par *Virginius*, chef des légions du Rhin, et Vindex se perça de son épée.

En 69, *Civilis* souleva les Belges, les Trévires et les Lingons et proclama un empire gaulois, dont *Sabinus*, natif de cette dernière tribu, fut choisi par elle pour en être le chef. Vaincu par les Séquanes qu'il attaqua parce qu'ils étaient restés fidèles aux Romains, Sabinus fit croire qu'il avait péri dans l'incendie de sa maison, à laquelle il avait mis le feu, et se réfugia dans un souterrain où il vécut, pendant neuf ans, des secours qu'il reçut de sa femme *Éponine*, qui y devint mère de deux enfants. Cette famille infortunée fut prise et amenée à Vespasien.

« Vois, dit Eponine à celui-ci, en lui montrant ses enfants, je les ai nourris dans les tombeaux, pour qu'ils puissent, avec moi, te demander la grâce de leur père ! » Voyant sa prière rejetée par Vespasien, elle ajouta. « Fais-moi donc mourir avec lui, car j'aime mieux la nuit de la tombe, que la lumière du jour souillée par ta vue. » Vespasien livra au supplice les deux Gaulois, et ne fit grâce qu'à leurs enfants. Civilis, qui s'était maintenu dans le

Nord, obtint en 70 une paix honorable qui mit fin aux derniers efforts tentés dans les Gaules par l'amour de l'indépendance.

Elles parvinrent cependant à se constituer en empire distinct, en 259, mais ce fut sous un général romain, *Posthumus*, qui enrepoussa glorieusement les Barbares dont elles subissaient sans cesse les attaques. Ce *restaurateur des Gaules*, comme on l'appela, fut massacré avec son fils par ses propres soldats, auxquels il refusait le pillage de Mayence, et eut pour successeurs trois autres empereurs et enfin *Tétricus* qui fut vaincu par Aurélien, et se soumit à lui en 270.

Aucun sentiment patriotique ne causa l'insurrection qui éclata vers la fin du troisième siècle. Elle ne fut due qu'à la misère dont souffrait la Gaule, épuisée par les impôts toujours croissants que Rome exigeait de ses provinces. D'immenses rassemblements de paysans gaulois, appelés *Bagaudes*, pillèrent et ravagèrent les villes et les campagnes, et ne furent détruits qu'après plusieurs combats dont le dernier eut lieu au confluent de la Marne et de la Seine.

Pour protéger ses frontières rhénanes, l'Empire eut constamment à lutter contre les débordements des nations accumulées sur la rive droite du fleuve qui séparait la race celtique des divers peuples accourus successivement du Nord et de l'Est.

Parmi ceux-ci se signalèrent deux grandes confédérations formées d'éléments distincts, comme l'indiquent leurs noms d'Allemanns (hommes de différentes tribus), et de Francs (hommes libres).

En 277, les Francs, accompagnés de Burgondes et de Vandales, envahirent la Gaule, et y prirent et pillèrent soixante-dix villes. Ils furent rejetés au-delà du Rhin par l'empereur *Probus*, auquel les Alsaciens et les autres Gaulois durent l'autorisation de cultiver la vigne.

En 292, la Gaule fut réunie à l'Espagne et à la Grande-Bretagne en un seul gouvernement établi par Dioclétien et confié par lui à *Constance-Chlore*, ensuite à son fils *Constantin*. Celui-ci remporta en 310 une grande victoire sur les Francs, et sous son règne impérial, en 320, le césar Crispus les battit encore, ainsi que les Allemanns, ce qui consolida le repos dont l'Alsace jouissait depuis l'avènement de Constantin.

Sous le règne de son fils, Constance, la Gaule fut de nouveau dévastée par les Germains, qui, après y avoir saccagé quarante-cinq villes, s'établirent sur la rive gauche du Rhin, au nord de l'Alsace. Pour arrêter cette dangereuse invasion, Constance envoya dans les Gaules son cousin et beau-frère *Julien*, âgé de vingt-quatre ans, et plus occupé jusqu'alors d'études littéraires que d'art militaire.

Ce jeune général eut à surmonter de nombreux obstacles, car il vint en plein hiver prendre le commandement d'une armée peu nombreuse, mal disciplinée, et dont une forte partie était sous les ordres de *Barbation*, qui eut l'infamie d'écarter ses troupes d'une bataille où il abandonna Julien, le laissant avec treize mille hommes en face de trente-cinq mille ennemis. Ceux-ci furent, malgré cette trahison, tués, pris ou jetés dans le Rhin, auprès d'Argentoratum (Strasbourg), et en retournant dans ses quartiers d'hiver, Julien s'empara d'un corps considérable de Francs, qu'il surprit sur les bords de la Meuse.

Après avoir passé à Lutèce (Paris), dans son palais des Thermes, la fin de l'hiver de 358, Julien débarrassa des hordes barbares toute la rive gauche du Rhin, et leur fit rendre vingt mille légionnaires devenus leurs captifs dans le cours des années précédentes.

Après la mort de Julien, les barbares envahirent de nouveau le nord de la Gaule, et de 365 à 368, Valentinien fut occupé à les combattre, à les vaincre et à les rejeter au-delà du Rhin. Il fit construire alors, depuis les sources de ce fleuve jusqu'à la mer, une série de forts et de tours destinés à en protéger la rive gauche.

De 375 à 395, les successeurs de Valentinien admirent des chefs barbares aux plus hautes fonctions de l'Empire, et l'un d'eux, Arbogast, fut mis à la tête de l'armée des Gaules.

En 406, Alaric rompit tous les obstacles, et s'empara même de Rome. Les Burgondes vinrent s'établir depuis le confluent de la Moselle et du Rhin jusqu'au lac de Genève, tandis que des Suèves, des Vandales et des Alains se répandirent jusqu'au-delà des Pyrénées, sans s'arrêter sur le territoire gaulois. En 412, celui-ci était occupé, au sud, par des Visigoths, au nord-est par des Francs, et Stilicon, le général de l'Empire, n'en défendait plus qu'une partie du centre. Aétius, qui le remplaça dans ce commandement, battit et refoula ces hordes étrangères dans plusieurs batailles livrées pendant le cours des années 428 à 450.

En 451, Attila passa le Rhin au confluent du Necker, détruisit Argentoratum, Mayence,

Metz, Argentovaria, massacra les habitants de ces pays, et ravagea tout le nord-est de la Gaule. Aétius fut soutenu alors par les Francs, les Burgondes, les Alains, les Visigoths, qui étaient déjà établis dans la Gaule, et par des Saxons que la mer avait fait aborder sur quelques côtes de la Normandie (Bayeux); il fit reculer Attila jusque dans les plaines de la Champagne, et détruisit son armée dans une grande bataille, près de Châlons.

Les Gaules furent ainsi délivrées des Huns, mais restèrent divisées entre les diverses nations qui les avaient envahies précédemment et qui ne cessèrent pas de s'y étendre. Commandés successivement par *Clodion*, *Mérovée* et *Childéric*, les Francs possédaient toute la Gaule septentrionale lorsque *Clovis* succéda, en 481, à ce dernier roi, dont il était le fils.

On peut considérer cette époque comme terminant la période gallo-romaine, pendant laquelle l'Alsace et la rive gauche du Rhin, continuèrent à être, comme depuis l'origine de la nationalité celtique, le théâtre de guerres continuelles entre la race gauloise et les peuples germains.

Dès le deuxième siècle, la Gaule était devenue entièrement latine, par les mœurs, les habitudes et la langue, surtout dans les classes élevées. Les écoles d'Autun, de Lyon, de Bordeaux et de Marseille étaient fort recherchées, et fournissaient une foule de rhéteurs, non seulement au pays, mais même à Rome. Le peuple prit l'usage d'un langage nouveau, le *roman*, qui forme la base du *patois* parlé encore de nos jours dans les parties hautes des vallées vosgiennes de La Roche, de Liepvre, de Sainte-Marie-aux-Mines, d'Orbey, de Lapoutroye, de Giromagny et dans les environs de Belfort.

La Gaule se couvrit de temples, d'arcs de triomphe, de théâtres, d'aqueducs, de thermes, d'arènes, de monuments publics, de somptueuses maisons de campagne, et de routes d'une admirable solidité, que bordaient des constructions sépulcrales. Les fontaines, les places publiques, et même les maisons particulières étaient ornées de statues en marbre ou en divers métaux. De toutes parts s'élevaient des autels, publics ou privés, la plupart érigés en l'honneur de Mercure.

Les Romains agrandirent et fortifièrent aussi beaucoup de villes et villages d'Alsace, entre autres *Mons Brisiacus*, vieux Brisach, alors situé sur la rive gauche du Rhin, et que, au commencement du quatorzième siècle, le fleuve rejeta définitivement sur la rive droite, après l'avoir, pendant plus de trois cents ans, contournée alternativement et même simultanément par l'un ou l'autre côté de son cours. Parmi toutes ces villes alsaciennes, Argentoratum était la plus importante par sa supériorité dans la fabrication des armes : on y produisait des béliers, des cuirasses, des boucliers, des casques, des glaives, des lances, des arcs, des flèches, des gantelets, des chaussures garnies de fer, et on savait dorer et argenter ces armes et y graver des dessins variés.

Comme dans les autres parties des Gaules, les cités alsaciennes furent embellies par l'architecture des constructions romaines; mais on n'y retrouve cependant aucun reste de théâtres, d'armes, d'arcs de triomphe ou d'aqueducs. Les temples seuls y furent nombreux, et on en a retrouvé les débris dans le pays de Dagsbourg, à Augst, sur le Donon, près d'Altstadt et près de Niederbronn; celui qui était situé sur la route du Rhin, à Ottmarsheim, existe encore en entier, et sert actuellement d'église. Quant à ceux établis dans les villes, ils se confondirent dans les ruines de celles-ci, lorsqu'elles furent détruites par les hordes d'Attila et d'autres barbares.

Les vestiges d'un bain ont été trouvés à Bouxwiller, en 1735, et un siècle après, les restes d'une station balnéaire ont été découverts, dans une vigne, près de Bergheim. Il s'y montrait dans un état de conservation parfaite, une grande et superbe mosaïque, paraissant avoir servi de fond à une vaste piscine ou à une salle et qu'entouraient encore des débris de murailles. On ne pouvait ni conserver ni abandonner sur place, cette œuvre remarquable, il fallut la transporter au musée de Colmar, où elle occupe sur le sol de l'ancienne église des Unterlinden, un espace important. Il est à regretter qu'elle ait perdu quelque peu de sa perfection première, par les difficultés inévitables de sa translation.

Dans toutes les parties de l'Alsace on trouve comme témoins de l'époque gallo-romaine, des monnaies, des briques, des sépulcres, des pierres sculptées, des statues, des autels, des armes, des poteries. Le musée de Colmar possède un grand nombre de ces objets, dont une bonne partie a été retirée du village de Horbourg, qui occupe sur l'Ill, à un kilomètre de cette cité, chef-lieu du Haut-Rhin, l'emplacement de l'ancienne Argentovaria.

Les routes et les fortifications furent, en

Alsace, l'objet principal des travaux des Romains. Les voies établies ainsi et dont on voit encore les restes sur un grand nombre de points, avaient les parcours suivants : d'Ottrott à Altitona (Saint-Odile) ; de Besançon au Rhin ; d'Italie par la Suisse, à Augst, Kembs, Ottmarsheim, Banzenheim, Brisach, Ell, Strasbourg, Mayence, jusqu'à l'embouchure du Rhin ; du pays des Rauraques à Soleure en Helvétie ; du pays des Séquanes, en Helvétie, par Montpertuis et la vallée de la Birs ; de Besançon à Mandeure, Granvillars, Largitzen et Kembs ; d'Illzach à Brisach ; de Thann à Epinal par le val de Saint-Amarin ; de Horbourg à Elsenheim, Markolsheim et Ell ; de Strasbourg à Brumath, Lauterbourg et Spire ; de Brumath à Saverne et Metz ; d'Alsace en Lorraine, par la vallée de Schirmeck ; d'Alsace en Lorraine, par le val de Villé.

Le village d'Ell dont il vient d'être parlé, est situé sur la rive droite de l'Ill, près de Benfeld, à trois lieues de Schlestadt et à sept lieues de Strasbourg. Sur l'emplacement qu'il occupe entre ces deux villes, s'élevait au temps de la période romaine, la cité de *Helvétus*, qui doit avoir été très florissante si on en juge d'après le grand nombre et l'importance des antiquités romaines qu'on y a trouvées, et dont les plus remarquables sont des statues de Pallas et d'autres divinités, et deux autels consacrés à Mercure, Hercule, Minerve, Vesta et Apollon. Non loin de là, à Benfeld, existait, dit-on, un temple dédié à Mercure, et qui fut démoli par *saint Materne*, considéré comme le premier apôtre du christianisme, en Alsace, vers la fin du troisième siècle.

On admet généralement que saint Amand fut le premier évêque de Strasbourg, dans la dernière moitié du quatrième siècle, mais qu'il n'y eut point d'église chrétienne bien organisée en Alsace avant le sixième. Ce n'est qu'alors que fut constitué d'une manière stable, l'évêché de Strasbourg, moins ancien que celui de Metz, et beaucoup moins surtout que celui de Lyon qui, pendant les trois cents premières années de notre ère, posséda la communauté chrétienne la plus considérable de toutes celles établies dans les Gaules.

Les troubles, les invasions, les dévastations et les massacres qui ne cessèrent d'accabler les Gaulois pendant les dernières années de la période gallo-romaine, ne laissèrent subsister dans leurs diverses populations aucun caractère original ou spécial. Les événements cruels qu'elles subissaient noyaient toutes les personnalités dans un cataclysme général, et l'histoire de chaque famille dut se confondre avec celles de toutes les autres dans l'ensemble d'un malheur commun, ce qui ne permet pas d'en esquisser aucune séparément.

Il convient cependant de donner un rapide regard à quelqu'une des scènes atroces dont certaines contrées gauloises furent le théâtre à cette époque.

L'Alsace commençait à peine à se remettre des ravages subis par l'invasion des Burgondes lorsque les hordes féroces d'Attila s'y précipitèrent à leur tour. Une partie de sa population se réfugia dans les montagnes, emportant avec elle quelques débris de son ancienne aisance et y emmenant le peu de bétail qu'elle possédait encore. Elle y fut décimée par la misère, pendant que l'armée des Huns s'avançait dans la plaine et y détruisait successivement Argentoratum, Helvetus, Brisaccia et Argentovaria, au-delà de laquelle pénétrèrent seulement quelques corps isolés, sur le territoire rauraque occupé par les Burgondes, établis dans tout le pays du Jura.

Sur ce territoire, près des lieux où se trouve aujourd'hui Rouffach, était située une petite ville fortifiée, comme toutes celles de ce temps, et à la faible population de laquelle étaient venus se joindre un petit nombre d'hommes échappés à la prise et à la destruction des postes militaires, les plus rapprochés parmi ceux établis sur les bords du Rhin.

Les habitants ne doutèrent pas de leur

porte prochaine et inévitable, lorsque l'ennemi détruisit Argentovaria, dont ils n'étaient séparés que par une distance de quatre lieues. Ils résolurent cependant de défendre jusqu'à la mort les restes de leurs murs d'enceinte, qu'ils n'avaient pas encore pu relever entièrement. Ils firent partir ceux de leurs vieillards, de leurs femmes et de leurs enfants auxquels pouvait s'ouvrir quelque asile dans les Vosges et se résignèrent à voir les autres partager le sort des hommes.

Un certain nombre de ces fugitifs fut emmené par un patricien de la ville, *Sextus Halcovir*, dans une villa qu'il possédait dans la montagne, et où il alla se réfugier avec sa vieille mère, sa femme et ses deux filles âgées d'une vingtaine d'années. A cette famille appartenaient encore trois jeunes hommes que le devoir retint auprès de leurs concitoyens.

La villa de Halcovir avait échappé aux dévastations des invasions précédentes, par suite de sa situation écartée dans la petite vallée de Soultzmatt et de la configuration même de ce gracieux et fertile repli des Vosges. Bien connu de nos jours par l'excellente qualité de ses eaux minérales et des produits de son vignoble, le val de Soultzmatt ne communique avec la plaine que par une gorge assez étroite, et, au lieu de s'élever vers les sommets vosgiens, de l'Est à l'Ouest, comme le font généralement les autres vallées d'Alsace, il se couche pour ainsi dire au pied des montagnes qui lui servent d'enceinte, en formant un bassin parallèle à leur direction du sud au nord.

Ces conditions topographiques avaient jusqu'alors protégé la sécurité de la superbe villa appartenant à Helcovir, et confiée habituellement à la garde et aux travaux de quelques serviteurs, la plupart pâtres ou cultivateurs. C'est à ce petit groupe d'habitants ordinaires du domaine, que vinrent se réunir une trentaine de vieillards, de femmes et d'enfants, amenés par Halcovir avec sa mère, sa femme et ses deux filles.

L'un des corps de fourrageurs huns qui cherchaient en tous sens, autour d'Argentovaria détruite, des vivres et du butin, vint se heurter contre les murs de la petite ville rauraque, et voulut s'en emparer aussitôt ; mais il fut repoussé d'abord par ses défenseurs qui en protégèrent les brèches, de leurs armes et de leurs corps.

Quelque énergique que fût cette défense, elle ne pouvait que prolonger l'agonie de la petite ville. Les Huns, accourus en plus grand nombre, l'assaillirent de nouveau dès le lendemain, y pénétrèrent sur les cadavres des Gaulois vaincus, y massacrèrent tout ce qui vivait encore, la pillèrent et la réduisirent en cendres.

Deux des fils de Halcovir avaient été tués en combattant, mais le troisième, que plusieurs blessures avaient rendu incapable de soulever ses armes, s'était retiré des murs avant l'entrée des Huns, et parvint à s'échapper et à se rendre à la villa de son père, où il arriva couvert de sang et presque mourant, et répandit la terreur par sa présence.

Pouvait-on y espérer encore que la gorge de la vallée échapperait à l'investigation des coureurs ennemis, seule chance de salut qui restait aux réfugiés ? Cet espoir n'eut guère de durée, car deux jours après l'arrivée du dernier fils de Halcovir, les gardiens placés en vedette aux abords de la plaine virent une troupe de maraudeurs barbares s'engager dans le passage aboutissant à l'intérieur du val. Ils accoururent à la villa pour y donner cette funeste nouvelle, et tous ceux qui l'habitaient comprirent qu'ils allaient périr.

Halcovir voulut cependant tenter un dernier effort pour sauver les femmes et les enfants en les faisant conduire dans les forêts des montagnes voisines, à l'ouest de la vallée, et il conjura ses serviteurs de protéger leur retraite, que l'un d'eux serait chargé de diriger, en combattant avec lui les Huns qu'il fallait retenir le plus longtemps possible à la villa. Les braves gens, invoqués ainsi par le maître qu'ils aimaient, s'engagèrent tous à faire une résistance désespérée, mais exigèrent qu'au lieu de l'un d'eux, ce serait Halcovir lui-même qui guiderait la petite troupe fugitive, à laquelle il serait plus utile que son âge et ses forces ne lui permettraient de l'être au combat.

Le temps pressait, et sans insistance inutile, Halcovir entraîna dans les bois les plus proches, les malheureux qu'il essayait d'arracher au danger.

Entrés dans la vallée, les Huns virent, à l'extrémité de celle-ci, les grands bâtiments qui constituaient l'ensemble et l'enceinte de la villa, et ils poussèrent des cris d'étonnement et de joie ; mais, ignorant les moyens de défense qu'ils pourraient y rencontrer, ils ne s'en approchèrent qu'avec lenteur et en troupe serrée.

Les hommes qui s'étaient dévoués pour les

retenir le plus longtemps possible autour de la villa, s'y tinrent cachés à leur vue, bien armés, et postés aussi utilement que les localités s'y prêtaient. Ils suivaient pour cela les conseils du fils de Halcovir qui, se soutenant avec peine sur son glaive, la seule arme dont il pût supporter le poids et qu'il n'avait même plus la force de manier, voulait mourir auprès de ses compagnons, en faisant face à l'ennemi.

Ne voyant aucun mouvement hostile se produire dans les bâtiments qui formaient l'enceinte de la villa, les Huns finirent par s'en approcher avec audace, et s'élancèrent sur la large porte qui y donnait accès. Ils y furent arrêtés un instant par les flèches que reçurent les premiers d'entre eux; mais la faiblesse même de cette résistance leur fit voir aisément qu'ils n'avaient pas à craindre d'obstacles sérieux, et ils se ruèrent avec rage dans la villa.

Groupés par deux ou trois, les braves Rauraques se retirèrent de poste en poste, et prolongèrent autant qu'ils purent une lutte sans espoir. Ils succombèrent les uns après les autres, faisant vaillamment leur devoir jusqu'à la mort.

Les Huns se mirent aussitôt au pillage ; une partie d'entre eux transporta au dehors des bâtiments tous les objets précieux, brisa les autres, saccagea les jardins, et mit en pièces les statues, les fontaines et les bassins qui les ornaient. D'autres amassèrent les vivres dont ils allaient se nourrir et les urnes pleines de vin, dont ils allaient s'enivrer. Et d'autres encore rassemblèrent, pour les emmener, les bestiaux disséminés dans les prairies voisines.

Quelques-uns de ceux qui s'emparaient ainsi du bétail, ne tardèrent pas à trouver les traces des infortunés que Halcovir conduisait dans les bois, et se mirent aussitôt à les y poursuivre. Il leur fallut peu de temps pour atteindre ce groupe de femmes et d'enfants, déjà exténués par la fatigue et la terreur. Ils les entourèrent et leur firent reprendre la direction de la villa, avec leur guide brutalement frappé et portant au cou une corde dont le bout était entre les mains de l'un des barbares.

Voyant, dès le début de ce retour, l'impossibilité de marcher où se trouvaient deux des femmes les plus âgées et la vieille mère du patricien, les Huns les éventrèrent sur place et les y laissèrent attendre la fin de leur agonie.

Revenus à la villa, les victimes furent livrées aux plus horribles tourments, et leurs bourreaux commencèrent une hideuse orgie, faite d'ivresse, de sang et de tortures.

N'ayant découvert par leur pillage que de faibles sommes d'argent, les Huns pensaient que Halcovir devait en détenir de plus considérables en quelque lieu secret, et pour le forcer à les leur remettre, ils le soumirent successivement et par intervalles aux plus cruels supplices.

Ils lui brisèrent d'abord les dents ; puis lui arrachèrent un œil ; ils le soutinrent ensuite debout les pieds appuyés sur des charbons ardents ; et enfin, furieux de ne pouvoir en tirer que des cris de douleur, ils l'étendirent à terre, l'y maintinrent immobile par des liens inflexibles, et appliquèrent sur sa poitrine et d'autres parties de son corps, des fers de lance et de flèche rougis au feu.

Pendant que les plus avides de rapine assouvissaient ainsi leurs instincts de férocité sur le seul homme vivant qu'ils avaient en leur pouvoir, d'autres Huns s'emparaient des femmes et des enfants. Ceux-ci, on les étranglait, on les étouffait, on leur cassait la tête contre des roches, ou on la brisait à coups de pierre, ou encore, on les jetait en l'air pour les recevoir, pendant qu'ils retombaient, sur la pointe des piques et des glaives.

Quant aux femmes, leur sort fut plus affreux même que celui des enfants arrachés de leurs bras, car elles furent plus longtemps le jouet des monstres qui prenaient plaisir à jouir de leur désespoir, de leurs cris et de leurs souffrances que finissaient lentement les convulsions, l'agonie et la mort.

Lorsqu'il n'y eut plus que des cadavres et quelques mourants dont un reste de vie prolongeait cruellement le supplice, les Huns mirent le feu à tous les bâtiments de la villa, emportèrent leur butin, emmenèrent les bestiaux qu'ils avaient pu rassembler, et quittèrent la vallée devenue déserte, et où s'éteignirent peu à peu les derniers débris de la villa gauloise.

NEUVIÈMES VUES

Règne de Clovis — Royaume d'Austrasie. — Dagobert Ier. — Ducs, marquis, comtes et barons. — Maires du palais. — *Attich*, premier duc d'Alsace. — *Sundgau et Nordgau*. — État de l'Alsace sous les rois Mérovingiens. — Pépin d'Héristal. — Charles-Martel. — Pépin le Bref. — Résidences royales et couvents en Alsace. — Châteauxforts. — Légende de *sainte Odile*.

A la mort de Childéric, en 481, ses pouvoirs passèrent entre les mains de son fils *Clovis*, âgé d'une quinzaine d'années, et chef d'une petite armée de quatre mille guerriers qui occupait la ville de Tournai et le pays d'alentour.

Uni à Ragnacaire, chef des Francs de Cambrai, Clovis défit à Soissons, en 486, et fit décapiter le général romain Syagrius, et devint maître des pays situés entre la Loire et la Somme.

En 492, il épousa une chrétienne, *Clotilde,* nièce d'un roi des Burgondes. Trois ans après il livra près du Rhin et non loin de Strasbourg, l'ancien Argentorat gaulois qui portait alors le nom d'*Argentina,* une grande bataille aux *Almans,* les vainquit et les rejeta au-delà du fleuve. C'est après cette victoire de *Tolbiac* qu'il se fit baptiser à Reims, par l'évêque Saint-Remi, et obtint l'appui de tout le clergé des Gaules.

Il fit jouir l'Alsace d'une longue paix, pendant laquelle les villes et les villages se relevèrent de leurs ruines et virent renaître le commerce et l'industrie dans le pays, dont tous les habitants embrassèrent le christianisme.

Après avoir vaincu, en 507, les Visigoths, à Vouglé près de Poitiers, Clovis attaqua la Provence et fut battu devant Arles, en 508. Ayant fait tuer les rois francs de Saint-Omer, de Cambrai, du Mans et de Cologne, il mourut en 511, laissant à ses quatre fils son royaume qui s'étendait du Rhin inférieur jusqu'à la Loire. Dans le partage qu'ils en firent, Thierry reçut la souveraineté de tout le nord-est de l'ancienne Gaule, et ce pays, qui comprenait l'Alsace, prit le nom d'*Austrasie*.

Ce serait sortir entièrement du cadre restreint où doivent être consignés les faits constatant l'union de l'Alsace avec les autres parties de la Gaule, que de rappeler tous les événements, toujours sanglants et souvent cruels, qui contribuèrent, sous les rois mérovingiens, à compléter les conquêtes des Francs ; il n'est donc utile que de signaler ceux qui se rattachent directement à l'Alsace, comme partie intéressante de leur royaume.

En 628, Dagobert Ier, succédant à son père Clotaire II, posséda tout l'empire des Francs, qui s'étendait alors de l'Elbe aux Pyrénées, et de l'océan occidental jusqu'aux frontières de la Hongrie et de la Bohême. Malgré l'habileté et la sagesse de son gouvernement, Dagobert vit porter à son pouvoir deux atteintes qui furent les préludes de la décadence des Mérovingiens. A l'extérieur des Gaules, les Saxons lui refusèrent le tribut qu'ils devaient, les Thuringiens exigèrent un gouverneur spécial, et un État nouveau, celui des Venèdes, se constitua sur les bords du Danube. A l'intérieur, les hauts fonctionnaires militaires élevaient successivement leurs prétentions à une autorité plus considérable, et posaient ainsi les fondements du système féodal qui devait, pendant les siècles suivants, affaiblir et souvent neutraliser la puissance souveraine.

Ces fonctions militaires étaient celles des *Ducs* ou gouverneurs de provinces ; des *Marquis*, chargés de défendre les *marches* ou frontières ; des *Comtes*, administrant les diverses parties des duchés. A leur origine, ces offices étaient confiés à des chefs choisis et révocables par le roi ; mais ils devinrent bien-

13.

tôt héréditaires et diminuèrent ainsi ses moyens d'action. L'autorité royale fut bien plus entravée encore par la création, dans les grands États de Neustrie et d'Austrasie, des *Maires du Palais*, qui, de simples ministres de leurs rois, s'élevèrent peu à peu à les dominer, et finirent par les remplacer.

Il faut rappeler ici que ce qui porta le coup le plus funeste à la puissance des Francs, ce fut le fatal partage de son royaume que faisait entre ses fils chacun des monarques qui était parvenu à réunir dans ses mains toutes les régions soumises à la domination franque.

Parmi les grands dignitaires et gouverneurs de cette époque, était Ettich ou Attich, premier duc d'Alsace, élevé à cette haute position, en 670, par Childebert II, roi d'Austrasie, qui mourut assassiné après avoir pris la Bourgogne et la Neustrie à son frère Théodoric et l'avoir enfermé dans un couvent de Saint-Denis.

L'Alsace fut alors divisée en deux régions,

ou *Gau*, le Sundgau, au sud, et le Nordgau, au nord. Attich avait sa résidence à *Obernai*, au pied du mont Altitona sur lequel il fit construire un château-fort appelé *Hohenburg*. Sa femme, *Bersvinda*, lui donna plusieurs enfants qui devinrent, dans la ligne masculine, la souche des ducs de Lorraine, des comtes d'Eguisheim en Alsace, des comtes de Roussillon, de Flandre et de Paris, des landgraves de Habsbourg, de Zaehringen et de Bade, et, dans la ligne féminine, d'empereurs saliques d'Allemagne, et des familles des Hohenstaufen et des Capets de France.

En 687, Pépin d'Héristal est proclamé majordome de tous les États francs, et après sa mort, en 714, son fils Charles Martel est reconnu duc d'Ostrasie par les seigneurs de ce pays; en 719 il possède tout le pouvoir qu'avait eu son père, et meurt en 741 après avoir gouverné sous le nom de duc des Francs.

Pendant ce règne effectif, auquel il ne manquait que le titre de roi, Charles Martel réduisit de nouveau à l'obéissance les Saxons, les Bavarois et les Allemands, et en 732 écrasa près de Poitiers une formidable armée de Sarrasins qui, sous les ordres d'Abdéraman, avait traversé les Pyrénées et tout le midi de la France.

En 752, son fils Pépin le Bref s'empara de la couronne des Mérovingiens, après deux cent soixante-et-onze ans écoulés depuis l'avènement de Clovis.

Pendant cette période, les coutumes des Francs s'étaient imposées à la nation gauloise. Ils combattaient généralement à pied, avec le glaive, le javelot et la francisque ou hache à double tranchant, et n'avaient pour solde que le partage du butin.

Leur roi était le chef de l'armée et le premier soldat de la nation. On proclamait son avènement en l'élevant sur un bouclier. Il avait le pouvoir absolu de faire la paix, la guerre et les alliances, de fixer les impôts, et de nommer les ducs et les comtes qu'il choisissait ordinairement parmi les *barons* ou principaux nobles. La noblesse formait la première classe de la nation, et après elle venaient les hommes libres et ensuite les serfs et esclaves.

Le peuple était administré et jugé par des conteniers dans les villages, et par les comtes et ducs dans les centres de population; les hommes de guerre étaient sous la juridiction des chefs militaires, et les ecclésiastiques sous celle des évêques. On appliquait aux Francs les lois saliques, aux Gaulois du Midi la loi romaine, et à ceux du Nord les coutumes particulières à chaque peuplade.

Dans cette législation, aussi variée que barbare, on admettait les épreuves de l'eau bouillante où il fallait plonger le bras, des fers brûlants qu'on devait saisir dans la main, de l'eau froide où surnageaient les innocents et sombraient les coupables, et du duel où deux champions combattaient l'un en faveur de l'accusé, l'autre contre lui.

La langue latine, altérée déjà par son mélange avec la gauloise, pendant la période gallo-romaine, le fut davantage encore sous la domination mérovingienne, et constitua définitivement l'idiome populaire, connu sous le nom de langue romane, d'où est sortie la langue française, composée de latin, de grec, de celte et de franc.

De la décadence de l'architecture, résulta un nouveau style, qu'on appela roman, comme la langue, parce qu'il cherchait à imiter les constructions romaines.

Les lettres et les sciences avaient presque disparu pendant cette triste phase de l'histoire des Gaules, et leurs faibles restes ne résidaient plus que dans les travaux peu éclairés de quelques moines laborieux, mais dont la plupart étaient ignorants et superstitieux. Les uns écrivaient des chroniques et conservaient les manuscrits anciens, tandis que d'autres grattaient les parchemins qui portaient ces manuscrits précieux pour y tracer la narration de légendes merveilleuses et de contes incroyables.

Comme les autres parties de la Gaule, l'Alsace fut soumise aux conditions qui viennent d'être énoncées ; mais elle eut l'avantage de jouir, sous les rois francs, d'une sécurité continue, et de leur disposition à habiter ce beau pays, soit passagèrement, soit d'une manière plus stable comme le fit Dagobert II. Aussi, recouvra-t-elle une partie de son ancienne prospérité, et vit-elle surgir sur son territoire de nouvelles cités, en même temps que les anciennes redevenaient florissantes. Parmi celles-ci, se trouvait Bâle qui lui appartenait alors, Brisach, qui était encore sur la rive gauche du Rhin ; Saverne, fortifiée par les Mérovingiens ; et Strasbourg ou Argentina, relevée sur les ruines d'Argentoratum, et où Clovis, dit-on, bâtit, de 504 à 510, la première église chrétienne, sur l'emplacement de l'ancien temple d'Hercule où se trouve aujourd'hui son admirable cathédrale.

Outre ces places fortes, la plaine d'Alsace se couvrit d'un grand nombre de châteaux et de fermes appartenant, les uns aux domaines royaux et les autres à de riches seigneurs.

Les principales résidences et dépendances royales étaient Sirenz, Illzach, Isenbourg (Isenheim), Rouffach, Columbaria (Colmar), Selotistat (Schlestadt), Herinstein (Erstein), Marlen, Kirchheim, Kœnigshoven, Suechausen et Saloissa (Seltz).

Il s'éleva aussi en Alsace de nombreux couvents d'hommes ou de femmes. Le plus ancien est celui de Marmoutier, à une lieue de Saverne, érigé en 590. Puis viennent, dans l'ordre chronologique, ceux de :

Munster, fondé en 660, dans le val de Saint-Grégoire (vallée de Munster).

Hohenburg, érigé par Attich, pour sa fille sainte Odile, à la fin du septième siècle.

Ebersheim, fondé aussi par Attich.

Wissembourg, Blidenveld, Saarbourg, Haslach, Saint-Thomas (de Strasbourg), et Saint-

Sigismond (de Rouffach), construits tous, à la même époque, par Dagobert II ou sous sa protection.

Niedermunster, bâti par sainte Odile en 700.

Saint-Étienne (de Strasbourg), érigé par Adelbert, fils d'Attich.

Massevaux et Murbach, qui eurent pour fondateurs, en 724, Mason et Evrard, fils d'Adelbert.

Neuviller, bâti de 722 à 744 par Sigvald, évêque de Metz.

Leberau, au val de Liépvre, et Saint-Hippolyte, que Fulrade fit élever en 722.

Haschow (Eschau), fondé en 778 par Remi, évêque de Strasbourg.

Erstein, érigé par Hermengarde, femme de Lothaire Ier.

Saint-Eléon, construit à Andlau par Richarde, femme de Charles le Gros.

Le nombre de ces couvents augmenta singulièrement dans le cours des siècles suivants.

Il en est de même de celui des châteaux-forts ou *Burgs*, qui s'élevèrent successivement sur les sommets des Vosges, à l'imitation de celui de Hohenburg que le duc Attich avait fait construire sur le mont Altitona, au-dessus de sa résidence princière d'Obernai.

Le rôle important que l'histoire assigne à Attich, à sa famille et à sa postérité, fait nécessairement prendre place ici à l'intéressante légende de sa fille sainte Odile.

C'était en 662 que Bereswind donna son premier enfant à son époux, Attich. Celui-ci désirait un fils, et fut vivement affecté par la nouvelle de la naissance d'une fille, que vint lui annoncer l'ancienne nourrice de sa femme. Il était à table, entouré de ses amis et des officiers de sa maison dont les paroles ne ménagèrent pas sa susceptibilité et son désappointement. Sous l'influence de ses sentiments, il refusa d'aller voir sa fille, et donna l'ordre de la mettre et retenir entre les mains des femmes. Puis il éclata de fureur lorsqu'il apprit que l'enfant qui venait de lui naître était aveugle, car il considéra comme un déshonneur cette naissance d'un être infirme : « Qu'on la tue, s'écria-t-il, et qu'il n'en soit plus jamais parlé dans ma famille ! »

Pour sauver sa fille, Bereswind la fit emporter le soir même par son ancienne nourrice, qui la confia à une de ses parentes établie dans un village de la plaine. Cette retraite ne paraissant pas assez sûre à la malheureuse mère, elle demanda, par un message adressé à une de ses amies, supérieure d'un couvent de femmes établi à Palma (Baume-les-Dames), en Franche-Comté, si elle ne voudrait pas donner asile à la faible et innocente victime de l'orgueil paternel.

L'enfant fut accueillie et élevée dans ce couvent, où elle se fit de plus en plus aimer par sa douceur et sa piété, à mesure qu'elle avançait en âge. Quand elle eut atteint celui de l'adolescence, elle fut baptisée par saint Ehrhardt, évêque de Bavière, reçut le nom d'*Odile*, et, à partir de ce moment, fut peu à peu guérie de sa cécité.

Odile connaissait son origine et se savait complètement oubliée par son père qui la croyait morte, par son ordre, dès le jour de sa naissance. Elle ne voulait pas prononcer ses vœux, ayant conçu quelque espoir de rentrer dans sa famille et d'y reprendre son rang auprès de ses frères, nés après elle. Elle se résolut à informer l'un d'eux, *Hugues*, de son existence et de la situation où elle se trouvait, et lui envoya à cet effet une lettre cachée dans un peloton de soie.

Un jour que le jeune homme remontait à cheval la route d'Obernai à Hohenburg, une vieille femme sortit du taillis qui bordait le sentier, et s'avança vers lui, en disant : « Seigneur, prenez ce peloton de fil, et songez qu'en brisant la noix, on trouve l'amande! » Hugues prit l'objet offert, et continua son chemin pendant que la femme disparaissait.

Dès qu'il eut détaché la mystérieuse enveloppe, et lu le message qu'elle contenait, le frère d'Odile sentit naître en lui une vive affection pour cette sœur inconnue, et dès le lendemain il annonça à son père l'existence de la jeune fille et le miracle que Dieu avait fait en sa faveur en lui donnant la vue.

Hugues fut douloureusement affecté par le froid accueil qu'Attich fit à sa confidence. Il n'obtint pour tout résultat que l'ordre de ne plus parler à son père de la fille considérée comme morte dès qu'elle fut née.

Malgré son premier insuccès, Hugues espéra vaincre l'obstination d'Attich. Il envoya à sa sœur un messager escorté de cavaliers en grand costume d'apparat, et chargé de lui remettre la lettre par laquelle il l'engageait à venir à Hohenburg, vêtue avec toute la richesse appropriée à son rang, et entourée des guerriers qui devaient relever l'éclat de son arrivée au domaine ducal.

Odile se rendit aux désirs de son frère, et quelques jours après son départ de Palma, on vit un brillant cortège s'avancer sur la route de Hohenburg.

Entourée de suivantes et parée des plus riches vêtements, la jeune sainte siégeait sur un char traîné par dix bœufs blancs et autour duquel étaient rangés des guerriers à cheval portant leurs armes les plus éclatantes.

Attich, qui chassait avec son fils dans la montagne, aperçut ces voyageurs dont le luxe fastueux n'était permis qu'aux personnages du plus haut rang.

« Quelle femme, dit-il à Hugues, peut venir ainsi à Hohenburg? »

« La fille du duc d'Alsace, répondit le jeune homme, est la seule qui ait le droit de voyager en Alsace avec tant d'appareil. C'est ma sœur qui vient réclamer sa place dans sa famille et dans le cœur de son père! »

« Et c'est toi, reprit Attich, qui as osé l'engager à faire cette démarche outrageante? »

« Oui, Seigneur, c'est moi qui l'ai aidée à venir implorer sa grâce. »

Mais le cœur d'Attich était aussi dur qu'irascible, et ce père barbare, ivre de fureur, se précipita sur son fils, et lui perça la poitrine de l'arme qu'il tenait à la main.

A cette rage aveugle succéda un désespoir insensé, lorsqu'Attich vit son fils tomber à ses pieds et exhaler son dernier soupir, en versant un flot de sang par la large plaie qu'il venait de lui faire. Mais les cris les plus sauvages, les prières et les lamentations les plus folles, les embrassements les plus frénétiques, ne pouvaient plus rendre la vie à ce cadavre, qu'il fallut emporter sur une litière de branchages pour le ramener à Hohenburg.

Au moment où ce triste et lugubre convoi arrivait au château, la brillante escorte d'Odile venait s'y arrêter aussi.

Quoiqu'elle ne connût son frère que par les assurances et les preuves qu'il lui avait données de sa protection et de son affection, Odile fut profondément désolée de la mort violente qu'il venait de subir par dévouement pour elle. Elle vint se prosterner auprès du corps inanimé de Hugues, et exhala en prières ardentes la douleur que lui causait la perte de celui auquel elle avait déjà voué sa reconnaissance et sa tendresse. Sa mère et elle ne quittèrent les restes du fils d'Attich que lorsqu'il fallut les rendre à la terre, tandis que les officiers du père meurtrier ne cessèrent de veiller sur lui pour l'empêcher d'attenter à ses jours.

Vaincu par la douleur et le remords, le puissant duc d'Alsace céda à sa fille son château de Hohenburg pour en faire un couvent, ne s'y réservant pour lui-même qu'un asile restrein où il pourrait s'isoler dans les regrets, les prières et les actes de pénitence. Il passa, en effet, dans le chagrin et le repentir ses dernières années, et Beresvind le suivit dans la tombe, neuf jours après sa mort.

Sainte Odile vécut longtemps, comblant de ses bienfaits toutes les familles pauvres ou opprimées qui habitaient le pays voisin des deux couvents qu'elle gouvernait, celui de Hohenburg, et celui de Niedermunster qu'elle avait créé en y annexant un hôpital.

La reconnaissance et la vénération populaires dont elle fut l'objet, se sont prolongées à travers les siècles, et aujourd'hui encore, sa mémoire est honorée en Alsace.

DIXIÈMES VUES

Charlemagne et son règne. — Louis le Débonnaire ; révoltes de ses fils ; Champ du mensonge. — Serments de Strasbourg. — Partage de l'empire franc, entre Charles le Chauve et Louis le Germanique ; l'Alsace séparée de la France. — Considérations générales sur la persistance ou l'altération des races. — Les Alsaciens conservent leur sang gallo-franc.

De 752 à 768, Pépin soumit les Lombard d'Italie, battit les Saxons, établit son autorité sur l'Armorique et était sur le point de terminer la conquête de l'Aquitaine lorsqu'il mourut.

Il partagea son royaume entre ses fils, *Charles* et *Carloman*. Ce dernier se montra hostile à son frère, et refusa de s'unir à lui pour combattre les Aquitains, que Charles sut vaincre seul. Peu après Carloman mourut, et Charles resta seul maître de tous les États francs. Il régna sur eux quarante-six ans, pendant lesquels il fit cinquante-quatre campagnes contre les Aquitains, les Lombards, les Arabes, les Avares, les Grecs, les Bretons, les Slaves, les Northmans, les Thuringiens, les Bavarois et les Saxons.

Dans une de ses guerres contre les Germains, il remarqua à plusieurs reprises le courage héroïque de deux jeunes soldats. Il les fit appeler et leur demanda leur nom et leur origine. Ils répondirent avec une inquiétude manifeste qu'ils étaient deux serfs, Gaulois de naissance obscure attachés à son domaine agricole dépendant du gynécée de *Columbaria* (Colmar). Ils ajoutèrent qu'ils étaient venus se joindre à ses guerriers francs dans l'espoir de conquérir le rang d'hommes libres. « Je ne puis vous accorder cette faveur, répliqua l'empereur, mais pour récompenser votre courage, je vous attache au service de ma personne. » Déçus dans leur espérance d'obtenir l'affranchissement, les deux jeunes Gaulois se retirèrent en silence parmi leurs compagnons d'armes. Le lendemain, dès qu'on fut en vue de l'ennemi, ils s'élancèrent hors des rangs, se précipitèrent sur les Germains, et y trouvèrent la mort héroïque qu'ils cherchaient.

Ce n'est qu'après plusieurs années et de nombreux combats que le grand roi des Francs, *Charlemagne*, parvint à écraser les Saxons et à soumettre entièrement la Germanie.

Est-ce parce qu'ils lui ont résisté jusqu'à ce qu'il les eut presque anéantis et foulés aux pieds de ses soldats Francs, que leurs descendants, les Allemands de nos jours, prétendent le glorifier comme empereur germain et l'appellent *leur grand Karl* ? Ils veulent se l'approprier, comme ils cherchent à s'emparer de tout ce qui leur paraît utile ou favorable à leurs intérêts matériels ou à leur lourde vanité.

Quoique occupé des guerres qu'il eut à faire pour constituer son immense empire, Charlemagne y introduisit toutes les améliorations civilisatrices que pouvaient lui fournir les ressources du huitième siècle. Il modifia sagement la législation et l'administration, créa des écoles et protégea avec zèle les lettres, les sciences, les arts, le commerce et l'industrie et même l'agriculture si éprouvée par les guerres des temps précédents.

Charlemagne mourut en 814, à l'âge de 72 ans, après un règne glorieux de 46 années, et eut pour successeur son fils, Louis le Débonnaire, qui, en 817, s'associa comme souverain *Lothaire*, l'aîné de ses enfants, et donna des royaumes aux deux autres, à *Pépin*, l'Aquitaine, et à *Louis*, la Bavière.

En 823, la seconde femme de l'empereur lui donna un quatrième fils qui fut connu depuis sous le nom de *Charles le Chauve*. Il voulut alors donner un apanage à celui-ci, en aisant un nouveau partage de ses États; mais Lothaire, Pépin et Louis de Bavière se liguèrent contre lui et le déposèrent. Devenu captif de

Lothaire, il fut soumis par ce fils ingrat à de si durs traitements que Pépin et Louis forcèrent leur frère ainé à rendre à leur père toute son autorité.

Louis le Débonnaire ayant destiné l'Aquitaine à Charles, ses trois autres fils se révoltèrent de nouveau contre lui et réunirent leurs armées dans une partie de la plaine d'Alsace, située entre Colmar et Sigolsheim. Ils étaient accompagnés et soutenus par le pape Grégoire IV, entouré d'un grand nombre de membres du clergé.

L'empereur amène une armée considérable dans les lieux où campaient celles de ses fils, et est prêt à leur livrer bataille. Le pape alors lui demande et obtient une entrevue, sous prétexte de conciliation, mais en réalité dans le but de prolonger les négociations entamées entre les chefs des troupes impériales et les révoltés. Les ecclésiastiques et les membres les plus importants du parti ennemi de l'empereur, pénètrent dans son camp, et y corrompent par leurs promesses presque toutes ses troupes.

Abandonné des siens, sur ce Champ du mensonge, le monarque, privé de tout moyen d'action, se vit livré comme prisonnier à Lothaire qui l'enferma dans un couvent à Soissons, et ne l'en fit sortir, l'année suivante, que pour lui infliger une pénitence et une dégradation publiques, dans une grande cérémonie religieuse ordonnée et dirigée par des évêques.

Quoique avili par la honte qu'il avait subie, Louis le Débonnaire fut rétabli une fois encore dans son autorité; mais Louis de Bavière voulut la lui enlever de nouveau, et c'est en marchant avec une armée contre ce fils rebelle qu'il mourut à Mayence, en 840.

Après s'être encore fait la guerre entre eux, les petits-fils de Charlemagne se partagèrent définitivement l'empire par le traité de Verdun, en 843. Charles eut tous les pays gaulois de l'Ouest, depuis la Meuse jusqu'aux Pyrénées; Lothaire eut pour sa part la Lorraine, l'Alsace, la Bourgogne, la Provence et l'Italie ; et Louis de Bavière devint souverain de toutes les contrées situées au delà du Rhin, vers l'Est.

Parmi les incessantes discordes survenues entre les fils de Louis le Débonnaire, il en est une dont la scène principale se passa en Alsace.

Charles le Chauve et Louis de Bavière se liguèrent contre Lothaire. Leurs armées se réunirent à Strasbourg, et là les deux frères conjurés contre leur ainé se prêtèrent l'un à l'autre le serment d'un appui réciproque, en présence de leurs troupes respectives. Charles le prêta en langage tudesque et Louis en langue romane, pour que chacun d'eux fût compris par les soldats étrangers de l'armée de son frère.

Ce fait prouve que, jusque dans leurs idiomes respectifs, la population de la rive gauche différait entièrement de celle de la rive droite du Rhin.

Ce qui le prouve encore, c'est que les métropoles de Cologne, de Mayence et de Trèves faisaient partie de l'église des Gaules, et qu'en 842, un concile, réuni à Strasbourg, imposa aux prêtres de ne plus prêcher en latin, mais de prononcer leurs sermons en langue populaire qui était le français de cette époque.

A Lothaire qui avait fait tant de mal à l'empire des Francs, avait succédé, comme roi de Lorraine, son fils Lothaire II. Celui-ci étant mort en 869, Charles le Chauve, de France, et Louis de Bavière devenu *le Germanique*, se partagèrent ses États, et l'Alsace échut alors à ce dernier, le seul survivant des fils ingrats, rebelles et presque parricides de Louis le Débonnaire.

C'est sous ces odieux auspices que l'Alsace fut séparée des autres pays gaulois, et que le Rhin ne servait plus de barrière entre les deux races toujours ennemies établies à l'Est et à l'Ouest de son cours.

Au temps des Celtes et des Teutons, la seconde était aussi barbare que la première ;

mais ses descendants gaulois avaient fait de grands progrès en organisation et en bien-être à une époque où les Germains, fils des Teutons, étaient encore plongés dans une complète barbarie.

Cette supériorité ne fit que s'accroître et s'éleva au plus haut point, pendant la période gallo-romaine, où les Gaules atteignirent un degré de civilisation qui les mit à la tête des provinces du grand empire latin. Les Germains n'avaient au contraire fait que peu de progrès lorsque cet empire s'écroula sous l'avalanche des peuples à demi-sauvages accourus des contrées septentrionales et orientales de l'Europe.

On peut s'étonner de voir attribuer généralement une origine germanique à tous ces peuples, quoique leurs puissantes émigrations fassent partie de pays situés bien au-delà au nord et à l'est des frontières de la Germanie. Les premières chroniques qui rendirent compte de leurs formidables invasions, furent écrites, sous le poids de la terreur qu'elles inspiraient, par des hommes peu versés dans les connaissances géographiques, et qui considérèrent comme étant germaines toutes ces hordes de barbares accourues de contrées inconnues alors, pour se précipiter sur la rive gauche du Rhin, après avoir fait leur première proie des populations situées sur la rive droite. N'ayant d'autres guides que les anciens chroniqueurs pour jeter quelque lumière sur les événements de ces temps si obscurs et si agités, les historiens ont continué d'attribuer une origine germanique à la plupart des peuples qui ont envahi l'ouest et le sud de l'Europe. Ce n'étaient pourtant pas des gens de race teutonne que tous ces Goths, Lombards, Visigoths, Vandales, Burgondes, et tant d'autres qui dévastèrent l'empire romain, et dont quelques-uns parvinrent à se fixer en Espagne, en Italie et dans la Gaule méridionale.

Et les Francs qui, après avoir franchi les cours inférieurs du Rhin, envahirent le nord de la Gaule et s'y étendirent successivement jusqu'aux Pyrénées et à la Méditerranée, étaient-ils de la race des Teutons? Pourquoi alors sont-ils venus de si loin pour apparaître tout à coup sur la rive gauche du fleuve, et se sont-ils aussitôt mis en guerre avec leurs prétendus congénères, les Allemanns et autres populations germaines habitant la rive droite?

La chute de l'empire romain eut pour cause et pour effet un bouleversement formidable des diverses nationalités qui le composaient. Aussi serait-il intéressant de pouvoir établir exactement l'étendue et la profondeur des altérations qui purent se produire dans les races des autochtones ou des indigènes des contrées envahies par les flots de la barbarie, ainsi que par les établissements et changements politiques des diverses nations qui se constituèrent dans les mêmes régions pendant le cours des siècles suivants. Ce sujet peut être éclairé de quelque lumière par l'observation d'un certain nombre de faits tirés de l'histoire générale de l'humanité.

Pour examiner ce qui se passe au contact des peuples civilisés et des populations réduites encore à l'état primitif, il faut porter les regards au-delà de l'Atlantique, sur les vastes continents américain et australien. On y voit les peuplades sauvages détruites peu à peu et sur le point de disparaître pour toujours ; mais on y voit aussi les races aborigènes du Mexique et du Pérou s'y continuer par une population nombreuse, malgré les massacres et la cruelle exploitation des mines dont leurs ancêtres furent les victimes par les conquêtes des Espagnols. Cet exemple prouve qu'il n'est pas facile, malgré la plus odieuse et la plus implacable oppression, d'anéantir les familles humaines de quelque importance, même quand elles ne sont arrivées qu'à un état de civilisation inférieur à celui des conquérants, comme les Péruviens et les Mexicains au temps de la découverte de l'Amérique.

En reportant notre attention sur l'ancien continent, nous y trouvons de nouvelles preuves de cette persistance des races qui se conservent malgré les invasions et les dominations étrangères.

L'une des plus importantes conquêtes faites par les Romains, fut celle des Gaules, facilitée par les rivalités qui divisaient entre elles les grandes tribus gauloises. La langue et les mœurs latines s'établirent dans toutes les grandes cités de la province gallo-romaine; mais la race indigène de celle-ci ne fut pourtant altérée que bien légèrement, sauf dans la partie la plus méridionale, par la présence des légions et des chefs militaires et civils, chargés d'y maintenir l'autorité romaine.

Elle le fut bien moins encore par les migrations passagères de celles des hordes barbares qui ne firent que traverser les Gaules pour se porter au-delà des Alpes et des Pyrénées; mais davantage par l'établissement de quelques-unes d'entre elles en deçà de ces montagnes.

Un vrai mélange de peuplades se produisit cependant dans la Grande-Bretagne lorsque les Saxons vinrent y soumettre les indigènes, Angles, Pictes et Scots, et y constituer le peuple anglo-saxon; mais le sang de celui-ci ne fut que bien peu altéré par l'invasion en Angleterre de Guillaume le Conquérant et de ses Normands, pas plus que les ancêtres de ceux-ci n'avaient vu modifier leur race gauloise par leur soumission forcée aux guerriers scandinaves de Rollon.

La race celte-ibérienne d'Espagne n'a-t-elle pas survécu à la longue domination des Arabes d'Afrique? Et celle des Grecs à la tyrannie religieuse et politique des Ottomans? Et celle encore des Italiens, à la puissance des Lombards, des Francs et ensuite des empereurs d'Allemagne, et en dernier lieu à celle des Autrichiens, à laquelle ils n'ont pu se soustraire que récemment, avec l'aide des Français envers lesquels ils se montrent si odieusement ingrats?

On peut citer encore, comme exemple de la conservation des races, les *Berbères*, que leur ancienneté peut faire considérer comme indigènes des côtes de la Méditerranée au nord de l'Afrique. Pendant un grand nombre de siècles, ils ont subi la domination romaine, puis celle des Vandales, et ensuite celle des Arabes dont ils ont pris la religion, et en grande partie les mœurs et la langue; cependant, et quoique mêlés à une foule de Juifs et de Maures, les Berbères algériens et autres ont conservé la pureté de leur sang.

Malgré la stabilité et la persistance des races conquises, celle des Gaulois fut altérée à la longue par l'immixtion du sang des Francs, qui, après l'avoir longtemps opprimée, finirent par s'y assimiler pour ne plus former avec elle qu'une famille unique, *gallo-franque*, devenue plus tard la grande nation française dont Charlemagne peut être considéré comme le fondateur.

Les faits qu'on vient de rappeler suffisent pour prouver que la race autochtone d'un pays ne se trouve atteinte que légèrement par le séjour, même prolongé, des armées et des autorités d'un peuple conquérant, et qu'elle n'est altérée profondément que par l'envahissement permanent d'une population étrangère, complète et à peu près égale à la sienne.

Cela posé, on peut se demander : où est donc cette prétendue origine germanique des Alsaciens, dont les Allemands ont fait le prétexte mensonger d'une odieuse annexion ?

Les aborigènes du pays gaulois devenu plus tard l'Alsace, sont restés purs de race dans la province gallo-romaine, et n'ont été complètement transformés en gallo-francs que vers l'époque où a régné Charlemagne. Livrés par les petits-fils de celui-ci à l'un d'eux, Louis le Germanique, ils ont fait partie de son empire, mais sans qu'ils aient été conquis, ni surtout envahis par aucun peuple allemand d'outre-Rhin ; ils n'ont subi d'invasion ni d'armées ni de populations teutonnes, et par conséquent leur race n'a pu être altérée.

Comment donc leur sang gallo-franc, où le

gaulois dominait, se serait-il transformé en sang germain, et comment ose-t-on dire que leurs descendants sont de race allemande ?

Sans doute l'Alsace, pendant sept siècles de connexion avec les peuples de l'empire germanique, a pris le vieil idiome dont est dérivée la langue allemande, et ses seigneurs, magistrats et principaux bourgeois, ont parlé et écrit dans cette langue; mais elle n'a jamais été liée ni incorporée à aucun de ces peuples dont elle était séparée par le Rhin.

Les Alsaciens sont restés de race gallo-franque et ont conservé les caractères d'activité, d'initiative, d'énergie, d'indépendance et de critique railleuse et frondeuse.

Pendant la longue période de son isolement sur la rive gauche du Rhin, le peuple alsacien ne subit pas servilement, comme les populations allemandes, le pouvoir absolu de ses divers souverains; même sous la domination des évêques de Strasbourg et de quelques princes particuliers, ou sous le suzeraineté de l'empereur d'Allemagne, il sut conserver ou acquérir de sérieuses libertés et ses principales villes se gouvernaient par leurs propres magistrats. Plus actifs, plus énergiques que les descendants des anciens Germains, les Alsaciens conservèrent des allures plus vives et des physionomies plus hardies que leurs voisins d'outre-Rhin, qu'ils n'aimaient pas, tandis qu'ils sympathisèrent vivement avec les Suisses, dont les mœurs et les institutions se rapprochaient le plus des leurs. Il n'est pas inutile de dire ici quelques mots sur la partie du bassin du Rhin comprise entre l'Alsace et le *Brisgau*, contrée méridionale du Grand-Duché de Bade.

Mises en communication par les monts Faucilles, avec le Jura, les Vosges s'étendent du sud au nord, depuis Belfort jusqu'à Mayence, et forment ainsi la chaîne occidentale de la vallée supérieure du Rhin, à sa sortie de la Suisse. La chaîne orientale est formée par les montagnes de la Forêt-Noire, qu'un prolongement des Alpes de Souabe jette sur la rive droite du fleuve, depuis Schaffhouse jusqu'au delà de Carlsruhe, dans la partie du Duché de Bade située vis-à-vis de l'extrémité septentrionale de l'Alsace.

Ces deux chaînes des Vosges et de la *Forêt-Noire*, diffèrent essentiellement comme étant, la première rattachée au Jura, et la seconde aux Alpes de Souabe. Leur constitution géologique présente aussi de grandes dissemblances, dont nous ne citerons comme exemple que l'abondance, dans les Vosges, du vieux grès rouge et de plusieurs autres espèces de grès, leurs roches de porphyre et d'agate et la disposition des terrains houillers.

Les plaines situées sur les deux rives du fleuve manquent également d'homogénéité. Entièrement plates, unies et éminemment fertiles en Alsace, elles portent sur la rive droite un chaînon de collines basaltiques et sont beaucoup plus restreintes dans leurs productions agricoles que la terre alsacienne.

Les Vosges et une partie de la plaine située à leur pied, produisent des vins généreux, sur des ceps élevés et vigoureux, tandis que les vignobles de la rive droite, cultivés à tiges basses, ne fournissent que des vins froids et de faible arome.

La partie du bassin du Rhin où se trouve l'Alsace est donc loin d'être homogène sur les deux rives du fleuve, et les oppositions qui s'y présentent donnent à celui-ci un indélébile caractère de frontière naturelle entre les pays qu'il sépare.

ONZIÈMES VUES

L'Alsace revient au royaume des Francs sous Charles le Gros; puis fait partie du royaume de Lorraine; est soumise ensuite à l'administration du duc de Souabe. — Temps féodaux. — Invasions hongroises. — Croisades. — Troubles et guerres intérieures. — Pestes et famines. — Massacres des Juifs. — Incursions de bandes anglaises. — Incursions des Armagnacs. — Guerre avec les Bourguignons. — Villes libres et alliances suisses. — Réforme religieuse. — Anabaptistes. — Les Suédois occupent l'Alsace et y sont remplacés par les Français. — Traité de paix de Westphalie. — État de l'Alsace à cette époque. — Scène bourgeoise caractéristique.

Livrée en 870 par Charles le Chauve à Louis le Germanique, la population gallo-franque d'Alsace, qui ne parlait que la langue romane, fut comprise dans les États de ce dernier, où régnait la langue tudesque, et dont elle était séparée par le Rhin et, bien plus encore, par le souvenir des guerres séculaires que les habitants de la rive gauche de ce fleuve avaient soutenues sans cesse contre ceux de la rive droite.

A la mort de Louis le Germanique, en 876, l'Alsace et une partie de la Lorraine revinrent à Charles le Gros qui monta sur le trône de France en 884, et y remit sous son sceptre le plus grand nombre des peuples soumis à la monarchie de Charlemagne.

En 895, l'Alsace fait partie du royaume de Lorraine, qui fut réduit à l'état de duché en l'an 900 et fut rattaché à la France sous Charles le Simple, en 911.

Quatorze années plus tard, l'Alsace est de nouveau séparée de la France et soumise à l'administration du duc de Souabe.

Des événements nombreux et terribles se succédèrent dans le cours des siècles suivants, et ne cessèrent de troubler l'Alsace pendant tout le temps où elle fut sous la domination nominale beaucoup plus qu'effective, des empereurs d'Allemagne, toujours disposés à en exploiter les revenus, mais rarement prêts à la préserver des plus grands dangers ou à lui donner leur appui pour l'en sauver.

Elle eut à subir tous les déplorables effets de la féodalité, et fut le théâtre des luttes sanglantes que se livrèrent entre eux ses principaux seigneurs, tels que les comtes de Linange, de Ferrette, de Rappolstein, d'Eguisheim, et dont le plus important fut toujours le titulaire de l'évêché de Strasbourg. Outre les discordes qui s'élevèrent entre les seigneurs et suscitèrent de nombreux combats, ils prenaient parti, tantôt pour les villes contre les empereurs, tantôt pour ceux-ci contre les villes. Ils causèrent au pays de nombreux malheurs en se prêtant individuellement et selon leurs ambitions et intérêts personnels à soutenir, les uns ou les autres, les différents compétiteurs à la papauté, à l'empire ou au titre de roi de

Rome. Les villes elles-mêmes furent entraînées dans ce désordre universel à se faire la guerre entre elles.

Dans ces luttes continuelles, les villages étaient brûlés, les campagnes ravagées, et les paysans réduits à la misère. Pour compléter tous ces maux, la grande réforme religieuse contre le pouvoir papal, jeta en Alsace de nouveaux germes de dissensions et de guerre civile.

Le cadre étroit de cet ouvrage ne permet pas d'y retracer l'esquisse de tous les faits survenus en Alsace, dans cette période du dixième au dix-septième siècle, et il convient de n'en signaler que quelques-uns des plus importants.

Les Hongrois venus des bords de la mer Noire avaient déjà ravagé l'Alsace en 917 lorsqu'ils y revinrent en 926 la dévaster une seconde fois.

En 936 Louis IV, roi de France, envahit l'Alsace, mais il échoua dans son entreprise et fit la paix avec l'empereur d'Allemagne Othon Ier en épousant sa sœur.

En 1099, un grand nombre d'Alsaciens font partie de la croisade qui se rend en Palestine sous les ordres de Godefroi de Bouillon.

En 1106, les habitants de Rouffach chassent de leurs murs le roi Henri V dont les soldats qui l'accompagnaient avaient commis des désordres graves. La fuite du souverain fut si rapide qu'il abandonna dans la ville ses ornements royaux. Pour se les faire rendre, il proposa aux bourgeois de les échanger contre un pardon absolu de l'injure qu'ils venaient de lui faire ; mais à peine fut-il rentré en possession de ses richesses qu'on lui remit, en comptant sur ses promesses, qu'il assiégea la ville, la prit, et la livra au pillage et à l'incendie.

En 1124, Henri V vint en Alsace pour faire les préparatifs d'une guerre qu'il projetait contre la France, avec son beau-père Henri, roi d'Angleterre ; mais il trouva les seigneurs alsaciens opposés à ses desseins.

En 1152, Frédéric Barberousse, duc de Souabe et d'Alsace, devient empereur d'Allemagne. Il transforme en ville fortifiée le château de Haguenau construit par son père Conrad III.

En 1197, Philippe de Souabe reçoit la couronne impériale. Pour punir la ville de Strasbourg, son évêque et les comtes de Linange et de Dagsbourg d'avoir agi contre son élection, il entre en Alsace avec une armée et ravage leurs domaines. De leur côté les Strasbourgeois et leurs alliés saccagent ses possessions de Haguenau ; mais ils furent forcés de se soumettre après que Philippe eut brûlé les faubourgs de leur ville et dévasté ses environs.

Treizième siècle. On brûle, à Strasbourg, quatre-vingts Vaudois. Guerre des comtes de Linange et de Ferrette contre l'évêque de Strasbourg.

Guillaume de Hollande, élu roi de Rome, est soutenu par l'évêque de Strasbourg, tandis que Sélestat et Colmar donnent leur appui à

Conrad, fils de l'empereur Frédéric II. Les habitants de Colmar sont vaincus dans un combat par ceux de Rouffach.

Pour mettre fin à la guerre civile et rendre quelque sécurité au commerce, plusieurs villes du Rhin forment une *confédération* dans laquelle entrent Strasbourg, Haguenau, Wissembourg, Lauterbourg, Sélestat, Colmar, Brisach et Bâle.

Par ses exigences tyranniques l'évêque de Strasbourg, Walter de Geroldseck, soulève contre lui les habitants de Strasbourg, qui chassent les épiscopaux après un violent combat. Colmar, Mulhouse et Bâle soutiennent les Strasbourgeois; ceux-ci prennent pour chef Rodolphe de Habsbourg. Dans cette lutte, Jean Rosselmann, prévôt de Colmar, défend énergiquement la liberté de cette cité, et y est tué en en chassant les soldats de l'évêque qui étaient entrés par surprise. Les épiscopaux brûlent Berckheim, rançonnent Horbourg et reprennent Colmar.

Quelques années plus tard, Adolphe de Nassau ayant été élu roi de Rome, Strasbourg et son évêque, Colmar avec son prévôt Walter Rosselmann, fils de Jean, et Anselme de Rappolstein se déclarent contre lui, et les Colmariens l'empêchent à main armée d'entrer dans leur ville.

Il se venge de cet affront en ravageant les possessions de ses trois ennemis et en faisant subir le dernier supplice à Rosselmann, après les plus cruels traitements, lorsqu'il s'empara de lui, après avoir assiégé longtemps et enfin pris Colmar.

Quatorzième siècle. A la suite d'une peste terrible, l'Alsace est en proie à la famine.

L'évêque de Strasbourg, Berthold II, fait le siège de Colmar, pendant que le comte de Horbourg, allié de cette ville, prend Benfeld, le pille et en chasse les habitants.

Après une longue lutte entre les nobles et les bourgeois de Strasbourg, ceux-ci restent les maîtres de la cité, qui, malgré son titre de ville impériale, devient alors une république florissante, faisant ses lois, ses règlements, ses alliances et ses traités, exerçant sa juridiction suprême, battant ses monnaies et décrétant ses impôts.

Sélestat et Colmar ont avec l'évêque Berthold une nouvelle querelle pendant laquelle sont brûlés les villages de Leberau et de Pfaffenheim et la ville de Guebwiller.

Commandés par un campagnard nommé Armleder, des fanatiques parcourent la Haute-Alsace en massacrant les Juifs dont 1500 périrent à Rouffach et à Ensisheim. Un grand nombre d'autres, s'étant réfugiés à Colmar, y furent soustraits à la fureur des assassins qui ravagèrent les environs de la ville.

A la suite d'une nouvelle peste, dont la cause fut attribuée aux Juifs, on en brûla un grand nombre à Strasbourg, Colmar et Mulhouse.

Brisach, Colmar et Mulhouse secouent le joug de la noblesse et se gouvernent par leur bourgeoisie.

Après la bataille de Poitiers, des troupes anglaises débandées pénètrent en Alsace par Saverne et viennent menacer Strasbourg. Elles se répandent ensuite dans la haute Alsace, la dévastant, et en sortent du côté du Jura, poursuivies par des soldats de l'empire, qui achèvent de ruiner ce qui leur a échappé. Ce double passage de bandes avides de pillage, cause une nouvelle contagion suivie de famine.

En 1374 on établit et on emploie à Strasbourg les premières armes à feu.

Une armée de soixante mille hommes, la plupart anglais, commandée par un sire de Coucy, envahit l'Alsace, y exerce de cruels ravages et finit par se faire exterminer en Suisse.

La guerre éclate de nouveau entre les villes confédérées contre la noblesse et les nobles alliés contre la bourgeoisie et le peuple : cent cinquante villages sont détruits par le feu.

Depuis l'invasion des Anglais, Brunon de Rappolstein retenait prisonniers, dans son chateau de Ribeaupierre, huit chevaliers d'Angleterre.

Le roi de ce pays, Richard, les réclama vainement, d'abord à Brunon et ensuite à la ville de Strasbourg dont ce seigneur était citoyen. Sur les instances du roi anglais, Strasbourg fut mis au ban de l'Empire et assiégée par plusieurs armées ennemies placées sous les ordres de divers seigneurs allemands, parmi lesquels se trouvaient cependant son évêque et l'ingrat chevalier de Ribeaupierre. Les Strasbourgeois se défendirent vaillamment et repoussèrent toutes les attaques ; mais ils n'obtinrent la paix qu'après l'avoir achetée par des sommes considérables.

Quinzième siècle. Mécontents des empiètements de pouvoir de leur évêque, les Strasbourgeois s'emparent de lui et le tiennent en captivité pendant plusieurs mois. Pour les punir de cette atteinte portée à un grand dignitaire de l'Église, et pour laquelle ils se voient menacés de toute part, l'empereur les frappe d'une amende de cinquante mille florins au profit de son trésor et de six mille destinés à celui du pape.

Une nouvelle peste éclata en 1427.

De 1430 à 1444, invention de l'Imprimerie, par Gutenberg, à Strasbourg, et achèvement de la flèche de la cathédrale.

Une troupe considérable d'Armagnacs arrive en 1439, de Lorraine en Alsace, par Saverne, et en sort par Belfort, après l'avoir ravagée pendant un mois et y avoir brûlé une centaine de villages.

Cinq ans plus tard, le fils du roi de France Charles VII, le dauphin Louis envahit le sud de l'Alsace avec une nouvelle armée d'Armagnacs qui se répand dans le pays, y commet pendant un an des excès formidables, et finit par attaquer Strasbourg, mais sans succès. Louis et ses bandes indisciplinées furent battus et refoulés en Lorraine par les bourgeois et les paysans, auxquels les seigneurs refusèrent presque entièrement leur concours.

Outrés des exigences des nobles de Mulhouse et des environs, les bourgeois de cette ville les chassent de leurs murs, en 1466, et tout en conservant leurs alliances alsaciennes, ils se liguent avec Berne, Soleure et les autres cités suisses. Secourue par les confédérés, Mulhouse se défend pendant deux ans contre ses ennemis, qui sont réduits à faire la paix par l'arrivée d'un corps de quatorze mille Suisses campés sur la plaine de l'Oxenfeld, près de Cernay.

Sigismond d'Autriche vend pour quatre-vingt mille florins d'or, à Charles le Téméraire, duc de Bourgogne, le Sundgau, le comté de Ferrette et une grande partie du sud de l'Alsace, avec Brisach. Le duc Charles donne le gouvernement de ce vaste territoire au chevalier Pierre de Hagenbach qui s'établit à Brisach, exerce tyranniquement l'autorité qui lui est confiée et fait de vains efforts pour s'emparer de Mulhouse.

Pour venir en aide aux projets de Hagenbach, le duc de Bourgogne vient en Alsace avec cinq mille hommes de cavalerie, et, n'ayant pu entrer à Colmar qui lui ferme ses portes, il se rend à Brisach, puis à Ensisheim, d'où il s'éloigne du pays pour aller guerroyer sur le territoire de Cologne.

Peu de temps après, Ensisheim refuse obéissance à Hagenbach et repousse les troupes avec lesquelles il vient l'attaquer. Les habitants de Brisach se révoltent à leur tour, s'emparent du gouverneur, et le font juger, condamner et décapiter.

Pour venger son frère et rétablir l'autorité du duc, Etienne de Hagenbach entre dans le Sundgau avec une armée de six mille Bourguignons, et met à feu et à sang une trentaine de villages situés entre Belfort, Thann et Delle.

Quelques centaines de Suisses vinrent au secours des Alsaciens, et les soldats de Charles le Téméraire furent chassés et poursuivis jusqu'à Héricourt, où ils furent battus et mis en pleine déroute.]

Après avoir pris Nancy au duc de Lorraine, Charles voulut d'abord punir les Suisses d'avoir concouru à la résistance et à la victoire des Alsaciens. Il fut à son tour vaincu à Granson et à Morat, par les confédérés auxquels vinrent se joindre beaucoup d'Alsaciens. Chassé par les Suisses, il alla se faire tuer devant Nancy, en 1477.

En 1482, Strasbourg modifie sa constitution dans un sens plus démocratique, en exclut tout serment de fidélité à l'empereur d'Allemagne, et renouvelle ses traités d'alliance avec les autres villes libres d'Alsace, les évêques de Strasbourg et de Bâle, et la confédération Suisse.

Seizième siècle. La grande réforme religieuse commence en 1517 et constitue l'événement le plus important de ce siècle. Malgré les menaces du pape et de l'évêque, le magistrat de Strasbourg se conforme aux désirs des bourgeois et autorise les prédications évangéliques.

Dès 1524, on ne dit plus de messe en latin,

mais en langue vulgaire, les laïques participent au calice comme à l'hostie, et quelques prêtres se marient. Peu de temps après, Strasbourg adopte complètement la réforme, la messe est supprimée ainsi que la plupart des couvents, et on permet aux moines et aux religieuses de se marier.

Plusieurs villes d'Alsace suivent l'exemple de Strasbourg. Environ trente mille paysans se rassemblent, s'insurgent contre les nobles et le clergé catholique. Ils sont détruits par une armée que le duc de Lorraine amène contre eux.

En 1526, la secte des Anabaptistes s'établit et fait de grands progrès en Alsace, malgré les persécutions qu'elle y subit. Quoique complètement inoffensive dans ce pays, beaucoup de ses prosélytes furent pendus, décapités ou noyés, et, par ordre de Ferdinand, roi des Romains, six cents d'entre eux furent livrés au dernier supplice, dans la seule ville d'Ensisheim.

En 1538, quinze cents émigrés français viennent se réfugier à Strasbourg, qui donne asile à toutes les victimes des persécutions religieuses.

En 1552, Henri II, roi de France, contracte une alliance avec Maurice de Saxe, et son armée s'empare de Metz, Toul, Verdun, Haguenau et Wissembourg ; mais elle se retire d'Alsace, au bout de peu de temps, et après la tentative infructueuse de Charles-Quint, empereur d'Allemagne, pour reprendre Metz, la France reste en possession des trois évêchés lorrains.

Les dissensions entre catholiques et protestants continuent à troubler l'Alsace, qui eut en outre beaucoup à souffrir du passage des troupes allemandes se rendant en France, en 1587, pour y soutenir les huguenots.

L'évêché de Strasbourg étant vacant, les chanoines protestants y appellent le jeune Georges, margrave de Brandebourg, tandis que le chapitre catholique porte ses vœux sur

Charles de Lorraine déjà évêque de Metz. Ces deux puissants seigneurs se font, pendant une dixaine de mois, une guerre acharnée, qui cause la ruine d'un certain nombre de villes et de villages.

Dix-septième siècle. En 1609, plusieurs nobles et princes protestants forment entre eux une alliance sous le nom d'*Union évangélique,* soutenue par Henri IV, roi de France; et quelques États catholiques, avec leurs princes, se lient les uns aux autres par la création d'une *ligue catholique.* La basse Alsace devient, pendant six mois, le théâtre des combats que ces deux partis s'y livrent.

En 1620, vingt-quatre mille Espagnols, sous la conduite du général Spinola, s'emparent du Palatinat. L'année suivante, Ernest de Mansfeld vient au secours du Palatinat avec vingt-deux mille hommes et refoule les Espagnols; mais il se jette ensuite sur l'Alsace et y commet d'affreux ravages.

En juin 1630, Gustave-Adolphe, roi de Suède,

débarque en Poméranie avec une armée de quinze mille soldats, et, par ses premières victoires, obtient, en 1631, un traité d'alliance avec la France, et s'avance ensuite jusque dans le sud de l'Allemagne. Au commencement de 1632, Strasbourg lui accorde des subsides en argent, le passage du pont du Rhin, et un corps de cavalerie, mais refuse de recevoir les Suédois dans ses murs.

Les troupes impériales ravagent les environs de la ville, puis en sont chassées par le général suédois Gustave Horn, repoussées vers le Sud, et perdent successivement Benfeld, Sélestat, Colmar, Altkirch, Ferrette et Belfort. Les Suédois occupent ainsi toute l'Alsace, moins Brisach qu'ils tiennent assiégé.

La mort de Gustave-Adolphe et la défaite qu'ils subirent à Nördlingen, en 1634, causèrent une si grande détresse aux Suédois, que leur chancelier Axel Oxenstiern demanda à la France de lui accorder ses secours contre l'Autriche, on échange de tout ce qu'ils possédaient en Alsace, sauf Benfeld.

En 1636, l'Alsace entière reçoit les troupes françaises, à l'exception de Benfeld qui reste aux Suédois, et de Strasbourg qui proclame et soutient sa neutralité, de Mulhouse et Bâle, attachés à la confédération Suisse, et de Brisach que les impériaux défendent encore.

En 1638, cette dernière ville tombe enfin entre les mains du duc Bernard de Weimar, qui meurt à Huningue en 1639, et dont les officiers remettent cette conquête à la France.

A partir de ce moment, l'Alsace est redevenue de fait une province française, et son retour à la patrie originaire fut confirmé le 24 octobre 1648 par le traité de paix de Westphalie, qui mit fin à la guerre de Trente ans.

Après avoir lu les principaux faits qui s'y succédèrent pendant les sept siècles précédents, il convient de se rendre compte de l'état où elle était au commencement du dix-septième.

Attachée intimement à la Lorraine jusqu'au dixième siècle, l'Alsace, à partir de 925, fut administrée par les ducs de Souabe, dont la dignité fut héréditaire jusqu'à la mort de Conradin, décapité à Naples en 1268. La justice y était rendue par des comtes qui siégeaient, l'un dans le Sundgau, et l'autre dans le Nordgau, et qui prirent le nom de landgraves. A partir du douzième siècle, le landgraviat du sud dépendit de la maison de Habsbourg, et celui du nord appartenait principalement à l'évêché de Strasbourg.

Le pays possédait, entre Strasbourg et Mulhouse, dix villes libres : Haguenau, Colmar, Sélestat, Wissembourg, Landau, Obernai, Rosheim, Munster, Kaysersberg et Turckheim.

Il renfermait les comtés de Ferrette, d'Eguisheim, de Horbourg, de Wörd, de Dagsbourg ou Dabo, et de Petite-Pierre ; plus vingt-deux grandes seigneuries, dont quelques-unes appartenaient à la maison d'Autriche, et d'autres à celle de Deux-Ponts. Il y avait en outre sept bailliages dépendant de l'évêché de Strasbourg, quarante villages du grand bailliage impérial, les deux émunités de Rouffach et de Wissembourg, des territoires possédés par le chapitre et par des abbayes, un grand nombre de terres de familles, et plus de deux cents châteaux-forts, bâtis dans la plaine et sur les Vosges, et dont la plupart furent détruits pendant la guerre de Trente ans.

Les moindres villes, les bourgs, et même les villages de quelque importance étaient fortifiés, pour échapper autant que possible aux déprédations incessantes auxquelles le pays fut exposé pendant la fatale période qu'agitèrent tant de troubles, de discordes et de guerres.

Les Juifs vivaient dispersés dans un certain nombre de ces centres de population, mais il en était d'autres où il ne leur était pas permis d'habiter, et d'autres encore où ils ne pouvaient pénétrer que pendant le jour.

Les campagnes, fréquemment ravagées, étaient mal cultivées, les paysans presque toujours misérables, et la population était réduite à trois cent mille âmes. Elle n'était que de deux cent mille dans la partie septentrionale de la Lorraine qui s'étend des Vosges à Metz et Thionville, et qui avait passé par des phases presque aussi funestes que celles dont l'Alsace avait tant souffert.

Ces peuples, si prospères à l'époque gallo-romaine et encore sous le règne de Charlemagne, se trouvaient abaissés à une déplorable infériorité depuis leur séparation de la nation gallo-franque. Ce fait prouve suffisamment qu'ils n'avaient pas subi d'invasion de populations allemandes, qu'ils avaient même été exempts de leurs immigrations individuelles, empêchées par les lois de servitude féodale, et qu'ils étaient restés isolés, sans mélange de races!

Il est utile d'observer ici que, depuis leur réunion à la France, ces pays que depuis 1871 on appelle aujourd'hui l'Alsace-Lorraine, ont vu leur population s'élever, en deux cents ans, par la prospérité de leurs familles et par l'immigration française, de cinq cent mille habitants à quinze cent mille, dont un million d'Alsaciens.

Malgré l'état déplorable auquel était descendue l'Alsace, sous la suzeraineté des empereurs d'Allemagne, ses villes finirent par s'agrandir, et ses habitants par augmenter leur aisance générale et faire de sensibles progrès en civilisation, en commerce, en industrie, et dans les sciences et les arts, ce qui prouve l'énergie du caractère et l'infatigable activité du peuple alsacien. Au sein des calamités qui le frappaient sans cesse, il produisit des savants distingués, des littérateurs et historiens de mérite, des grands peintres, et des architectes devenus célèbres par les monuments religieux qu'ils ont livrés à l'admiration de la postérité.

Pendant cette longue et fatale période du moyen âge, la France avait, elle aussi, été cruellement éprouvée par les invasions des Normands et celles des Anglais, les guerres faites par les ducs de Bretagne, de Champagne, de Bourgogne et des Armagnacs, les croisades, les expéditions en Italie et les guerres de religion. Elle avait subi l'action désorganisatrice du régime féodal, auquel Louis XI avait porté les premiers coups, et que la politique énergique de Richelieu parvint enfin à affaiblir suffisamment pour que Louis XIV, malgré les derniers efforts de la Fronde, pût le réduire à néant, et poser les bases de la concentration nationale qui devait devenir plus tard l'admirable unité française.

Telles étaient les conditions respectives sous lesquelles se trouvaient la France et l'Alsace, lorsque celle-ci fut rétrocédée au royaume français par le traité de Westphalie. Elle y occupa un rang important parmi les autres provinces, et a su, depuis, prendre sa place parmi les premières d'entre elles.

Mais le peuple alsacien ne pouvait prévoir alors d'aussi beaux résultats, et plusieurs causes d'inquiétude l'agitaient.

On peut en juger par les paroles échangées entre quelques bourgeois de Sélestat, réunis un soir de novembre 1648 dans une taverne où l'on servait au gré des consommateurs de la bière, du vin et des comestibles.

C'était une grande salle, mal éclairée par des chandelles de suif portées par des chandeliers en fer accrochés aux murailles ou placés sur chacune des tables nombreuses qu'entouraient les clients. Ceux-ci, servis par des jeunes filles, s'y groupaient selon leur âge, leurs relations personnelles ou leur position sociale.

Au fond de la salle étaient des jeunes gens, artistes, clercs ou propriétaires qu'animait une conversation joyeuse et bruyante, et dont plusieurs faisaient déjà usage de pipes et de tabac à fumer.

Plus en avant se trouvaient réunis des hommes d'un certain âge, couverts de vêtements en laine d'un goût sévère, empreints d'une certaine dignité, de manières graves et polies, et tous *maîtres*-artisans de différents métiers : non loin d'eux étaient attablés des *compagnons* des diverses corporations, et partout il y avait des gens qui venaient se reposer, pendant quelques moments de la soirée, de leurs travaux ou occupations du jour.

— Eh bien, chers amis, dit le sieur *Fix*, assis à la table où étaient réunis les *maîtres*, nous voilà donc livrés aux Français et privés à l'avenir de la protection des souverains d'Autriche !

Gaspard, autre maître. — Il est vrai, compère, mais je ne vois pas que nous y perdions. Les protections venues d'outre-Rhin nous ont souvent coûté fort cher, et ont toujours favorisé les seigneurs et la noblesse contre la bourgeoisie et le peuple.

Maître Fix. — On ne peut le nier; mais croyez-vous que le roi de France va, mieux que les empereurs allemands, soutenir nos résistances aux prétentions des seigneurs? Croyez-vous qu'il aura beaucoup de bienveillance pour les institutions populaires dont jouissent la plupart de nos villes et qui sont si complètes dans nos cités libres, alliées entre elles et avec celles de Suisse ?

Maître Gaspard. — Qu'il le veuille ou non, il sera bien obligé de respecter nos libertés et nos droits acquis. J'ai lu chez notre bourguemestre, une copie du traité de paix de Westphalie, et il y est dit, à l'article 87, que le roi de France devra se contenter des droits de suzeraineté qu'avaient sur les villes libres les empereurs d'Allemagne. Or, vous savez que ces droits suzerains n'entravaient plus guère nos libertés. Et d'ailleurs, n'y a-t-il pas aussi, en France même, des villes où la bourgeoisie a des droits acquis depuis longtemps, et que les rois de ce pays sont habitués et forcés à respecter ?

Maître Conrad. — Vous pouvez avoir raison, maître Gaspard ; mais il y a un autre sujet d'inquiétude bien grave selon moi. On ne peut oublier avec quelle violence ont été traités les huguenots français qui ne formaient cependant qu'une faible partie de la population ; n'y a-t-il pas à craindre que chez nous, on ne cherche à opprimer les protestants et réformés pour en faire diminuer le nombre, qui s'élève presque à la moitié de celui de nos compatriotes ?

Maître Gaspard. — Cela serait fort possible en effet, cher compère ; mais dans le même traité de paix il est dit qu'une pleine et entière liberté de conscience est assurée aux trois cultes, et que les luthériens et les réformés jouiraient des mêmes droits que les catholiques.

Maître Zeller. — Si les conditions de notre rétrocession à la France ne sont pas respectées, nous saurons bien lui résister, comme nous avons résisté à l'Allemagne dans beaucoup de circonstances même moins importantes.

Maître Hartmann. — Vous parlez bien tous, chers confrères en maîtrise, et je crois que les droits du peuple alsacien sont suffi-

samment garantis, et qu'en tous cas, il saura
les défendre comme ont fait ses ancêtres. Vous
disiez d'ailleurs, compère Fix, que nous venons
d'être livrés à la France ; mais vous oubliez
donc que depuis plus de dix ans les soldats
français occupent notre pays ; or nous n'avons
pas à nous plaindre d'eux ; quoique un peu tapa-
geurs et turbulents, et avides de s'amuser partout où ils peuvent, ils ne commettent point
d'excès, et si, parmi eux, quelque mauvais
drôle cause des désordres, il est sévèrement
puni par ses chefs.

Maître Lienhard. — En vérité, ils s'inquiè-
tent fort peu de savoir si nous sommes catholiques ou protestants, il ne font pas comme
les Suédois qu'ils ont remplacés ; ceux-ci,
pour montrer leur zèle évangélique, ont
mutilé un grand nombre des statues dont on
a orné nos églises ; à celle de Thann, si digne
d'admiration, ils en ont décapité de fort
belles.

Maître Turcher. — Comme en toutes choses, il y a dans notre nouvelle situation politique du mal et du bien. Nous sommes, il est vrai, débarrassés des *Schwoben* (Allemands) que nous n'aimons pas ; mais par contre nous sommes privés de l'alliance de nos bons amis les Suisses, auxquels nous sommes attachés par des liens si nombreux. Voilà déjà Bâle perdue pour l'Alsace et restée seule dans la confédération helvétique ; la petite république de Mulhouse se trouve maintenant isolée sur le territoire alsacien, comme une île dans la mer; et Strasbourg, notre grande et brave ville, se déclare indépendante, libre de toute souveraineté et se maintient neutre entre la France et l'Allemagne.

Maître Erhard. — Il est bien difficile, chers amis, de prévoir ce qui, dans l'état actuel des choses, arrivera de notre commerce et de notre industrie. Seront-ils rendus plus prospères ou moins avantageux par notre retour à la France? Cette question a déjà été discutée ; mais sans pouvoir être éclaircie suffisamment, dans les assemblées (*zünfte*) des maîtres de nos différentes corporations.

Nagel, — bedeau de l'église de Sainte-Foy. — Il y a aussi une chose bien fâcheuse ; c'est que nous parlons un patois d'origine germanique, et que si déjà nous comprenons mal les écrits et le langage de nos prêtres, magistrats et seigneurs, nous ne comprendrons plus du tout ce qu'on nous dira ou écrira en langue française.

Bruder, maître d'école. — Soyez tranquille, mon cher Nagel, on saura toujours se faire comprendre pour exiger l'exécution de nos devoirs, et nous nous entendrons bien assez entre nous-mêmes pour soutenir nos droits.

La vieille race alsacienne a, comme l'Allemagne, comme la France, subi bien des malheurs depuis le partage des États du grand empereur Charles, mais elle a survécu et saura se conserver encore. On avait mis autrefois les Vosges entre nos anciens congénères et nous, et aujourd'hui on remet le Rhin entre nous et nos anciens ennemis ; ce retour aux descendants de nos ancêtres me paraît avantageux, autant que conforme aux lois de la nature, quoique nous ne parlions plus la même langue qu'eux. Eh bien, cette langue nous l'apprendrons peu à peu, et dans quelque temps, nous.....

— *Vivat, vivat,* s'écrient plusieurs voix, à la table où sont réunis les divers *compagnons* qui n'ont pas osé prendre part à la conversation des maîtres, mais qui l'ont écoutée attentivement.

Maître Fix ne paraît pas satisfait de la manifestation faite par ces voisins si expansifs, et il leur jette un regard mécontent; mais au moment où il va leur reprocher ce qu'il considère comme une inconvenance de la part de *compagnons* à *maîtres*, il voit le plus jeune de ses apprentis s'avancer vers lui et lui dire d'un air malin et sournois : « Maître Fix, la maîtresse m'envoie vous chercher ; elle veut que vous reveniez à la maison; et elle a pensé que vous auriez peut-être besoin de mon bras, comme il arrive quelquefois, quand vous restez ici trop longtemps. »

A ces paroles et aux éclats de rire qu'elles provoquent de toutes parts autour de lui, maître Fix, connu comme très docile au joug conjugal, pâlit de mécontentement, se lève aussitôt, et se hâte de partir en disant d'une voix embarrassée : « Oui, oui, il est tard, et c'est l'heure où les gens tranquilles rentrent dans leurs familles ; le *couvre-feu* va bientôt sonner ; bonsoir, chers compères, bonsoir ! » Et dans la rue, suivi de son apprenti qu'il traite de maladroit et d'imbécile, il lui semble entendre rire encore !

DOUZIÈMES VUES

Campagnes de Turenne, du prince de Condé, du duc de Luxembourg et du maréchal de Créqui. — Louis XIV en Alsace. — Traités de Nimègue et de Riswick. — Campagne du maréchal de Villars. — Traité de Bade, en Suisse. — Campagne du maréchal de Coigny. — Révolution de 1789 en Alsace. — Les deux départements du Rhin sous la République et sous l'Empire. — Invasions, blocus de Strasbourg, combat de Colmar, et défense héroïque de Huningue. — Restauration, conjuration de Belfort, procès de *Caron et Roger.*

L'Alsace était enfin réunie à la France, mais cette œuvre étant encore inachevée, elle eut à subir de nouvelles épreuves.

Elle eut pour premier gouverneur le lieutenant général Henri de Lorraine, comte d'Harcourt, qui établit sa résidence à Brisach et exécuta fidèlement les conditions du traité de Westphalie.

En 1659, ce général fut remplacé par le cardinal Mazarin, qui, avant de mourir, céda son titre de gouverneur à son neveu le duc Armand de Mazarin.

Le 10 janvier 1662, celui-ci obtint des députés des villes libres et de la préfecture de Haguenau, le serment de fidélité prêté au roi de France, ce qui rendit leur soumission complète.

De 1648 à 1672, l'Alsace jouit des bienfaits de la paix. Pour la mieux préserver, Louis XIV fit réparer les anciennes forteresses, en fit bâtir de nouvelles telles que Huningue, Neuf-Brisach et Fort-Louis, et fit élever de nombreuses redoutes sur la rive gauche du Rhin. Il possédait en outre le Vieux-Brisach et Fribourg en Brisgau et la ville de Philippsbourg.

Les succès rapides du roi de France dans la guerre contre la république des Pays-Bas, en 1672, engagèrent l'empereur d'Allemagne, le roi d'Espagne et les Électeurs de Brandebourg et de Saxe à se liguer contre lui. Condé et Turenne furent chargés en 1673 de défendre l'Alsace contre les armées allemandes commandées par Montecuculi et l'Électeur de Brandebourg. Turenne établit ses quartiers d'hiver en Alsace, qu'il quitta en mars 1674 pour entrer dans le Palatinat. Il y battit à plusieurs reprises les Impériaux, entre Philippsbourg et Mayence ; mais il ne put les empêcher d'entrer à Strasbourg, par le pont du Rhin, en septembre, et de pénétrer en Alsace. Il y revint pour les en chasser, leur livra bataille, le 4 octobre, non loin de Mulhouse, et resta maître du terrain après douze heures de combat.

L'armée ennemie ayant reçu un renfort de vingt mille Brandebourgeois, et Turenne n'ayant qu'un nombre de soldats égal à ces seules nouvelles troupes, fut forcé de se retirer et de laisser les Allemands s'étendre de Strasbourg à Bâle et Belfort. Mais il reprit bientôt l'offensive, passa les Vosges à Bussang, arriva à Thann le 23 décembre, et défit les Impériaux dans la partie de la plaine qui sépare cette ville de celle de Mulhouse.

Les Allemands, vaincus, se replièrent vers le nord et se rangèrent en bataille entre Colmar et Turckheim. L'armée française, divisée en deux colonnes qui débouchèrent des Vosges, les surprit, les mit en déroute après un combat acharné, et les força à repasser le Rhin.

Après avoir de nouveau imposé une rigoureuse neutralité au magistrat de Strasbourg, Turenne fit jeter sur le Rhin un pont de bateaux, non loin de la ville, et alla occuper les environs d'Altenheim, à quatre lieues au delà. Manœuvrant ensuite pendant plusieurs jours contre l'armée de Montecuculi, il fut tué d'un boulet de canon, près Sasbach, le 27 juillet 1675, et l'armée française se retira en Alsace.

Montecuculi y pénètre aussi, après s'être emparé du pont du Rhin, à Strasbourg et se dirige sur Haguenau ; mais il est détourné de ce projet par l'arrivée du prince de Condé, et après divers mouvements des armées belligérantes entre Châtenois, Obernai et Saverne, il se retire au-delà du Rhin, le 15 septembre 1675.

En 1676, le duc de Lorraine, Charles V, général des troupes impériales, s'empara de Philippsbourg, défendu par le duc de Luxembourg, qui commandait l'armée française et qui fut obligé de se retirer à Brisach. Enhardi par ce succès, le duc de Lorraine entra en France en 1677, avec soixante-quinze mille hommes, et comme le duc de Luxembourg avait été appelé en Flandre avec la majeure partie de son armée, les Allemands s'étendirent en Alsace et parvinrent jusqu'à Colmar. Retranché avec quatre mille soldats devant Neuf-Brisach, le général baron de Montclar, ayant reçu des renforts, força l'ennemi à repasser le Rhin.

Peu de temps après, le maréchal de Créqui eut encore à combattre, vaincre et rejeter au-delà du Rhin un corps d'armée allemand commandé par le général Schutz.

En 1679 fut conclu le traité de paix de

Nimègue, par lequel Philippsbourg fut cédé à l'empire, et Fribourg en Brisgau à la France.

En septembre 1681, une armée de trente-cinq mille Français s'approcha de Strasbourg et occupa tout le terrain situé entre la ville et le Rhin. Le ministre, M. de Louvois, arriva lui-même, et se fondant sur un article du traité de Nimègue, tenu secret jusqu'alors, il somma le magistrat de se soumettre au roi de France. Après d'inutiles efforts pour conserver l'indépendance de la cité, le sénat signa avec le ministre français, le 30 septembre 1681, une convention par laquelle, Strasbourg, son évêque, et la noblesse de la Basse-Alsace reconnaissaient le roi de France pour leur souverain seigneur et protecteur.

Le même jour, les troupes françaises entrèrent dans la ville, et le 4 octobre suivant les membres du magistrat et tous les fonctionnaires prêtèrent le serment de fidélité à Louis XIV, qui vint lui-même à Strasbourg, vingt jours après cette prise de possession.

Il y revint en 1683, visiter les forts Blanc et de Pierre qu'il avait fait construire dans la ville, ainsi que ceux qu'il avait fait élever en dehors de celle-ci, la citadelle, la redoute du Rhin et le fort de Kehl au-delà du pont.

Comme tout le reste de l'Alsace, moins la république de Mulhouse, la ville de Strasbourg fut ainsi comprise dans la juridiction du conseil souverain d'Alsace, établi à Ensisheim en 1657, transféré à Brisach en 1674, puis en 1681 à la *Ville-Neuve-de-Saint-Louis*, dans une grande île du Rhin. En 1698, le siège de ce conseil souverain fut installé à Colmar, où il resta jusqu'à la révolution de 1789.

En 1688, la France eut à soutenir contre l'Espagne, la Hollande et l'Allemagne, la Savoie et l'Angleterre, une terrible guerre qui dura neuf ans et se termina par le traité de Ryswick, conclu le 30 octobre 1697. Par ce traité, le roi perdait toutes les places situées hors de l'Alsace, telles que Philippsbourg, Fribourg et Vieux-Brisach ; mais aussi l'Empereur renonçait à tous les droits anciens sur Strasbourg et l'Alsace.

Pendant cette longue guerre, le peuple alsacien jouit d'un repos complet, et put constater combien il lui était avantageux d'appartenir au grand royaume français, d'autant mieux qu'il voyait les pays d'outre-Rhin livrés à toutes les misères que subissaient les États dépendant de l'empire d'Allemagne.

Il fut aussi complètement à l'abri des déplorables persécutions religieuses qui ensanglantèrent les Cévennes et quelques autres parties de la France.

L'Alsace ne put cependant pas échapper entièrement aux luttes nouvelles que suscitèrent les droits d'héritage à la couronne d'Espagne, et qui éclatèrent en 1701 sous le nom de guerre de Succession.

En 1702, Landau fut pris par le duc de Bade.

En 1703, le maréchal de Villars s'empara de Kehl, et le duc de Bourgogne de Vieux-Brisach, et les Français reprirent Landau.

En 1704, cette ville retomba entre les mains des Impériaux ainsi que Haguenau. Dans les années suivantes, Landau et Fribourg furent repris aux Allemands par le maréchal de Villars. Enfin la paix fut conclue de nouveau, à Bade, en Suisse, en septembre 1714, conformément au traité de Ryswick.

Louis XIV mourut en 1715, et deux ans après, le 15 août, le prince-évêque de Rohan-Soubise donna, dans la cathédrale de Strasbourg, la bénédiction nuptiale à Louis XV et à Marie, fille de Stanislas Leczinski, roi détrôné de Pologne. A cette occasion, Strasbourg donna des fêtes splendides qui répondaient aux sentiments d'affection que le peuple alsacien éprouvait déjà pour la patrie à laquelle il avait été rendu, et dans laquelle il jouissait d'un sort heureux et prospère, après avoir subi de si continuelles et cruelles tourmentes pendant l'époque funeste où il en avait été séparé.

Sa situation de frontière française ne pouvait pourtant pas le mettre à couvert de tous les événements suscités en Europe par les ambitions et les rivalités des souverains.

Pendant la guerre de la *succession d'Autriche*, la France ayant pris le parti de l'évêque de Bavière contre Marie-Thérèse, le prince Charles de Lorraine entra en Alsace, en juillet 1744, avec quarante mille Hongrois et pandoures, et y occupa les lignes stratégiques de Wissembourg et Lauterbourg. Il voulait couper ainsi les communications entre l'Alsace et les corps français et bavarois du maréchal de Coigny et du général de Seckendorf, occupés près de Spire et de Worms. Le maréchal et son collègue forcèrent les lignes ennemies et arrivèrent sous les murs de Strasbourg ; mais ils ne purent empêcher les Impériaux de prendre Haguenau et Saverne, et de causer de grands dégâts dans les contrées d'alentour, malgré les combats que leur livraient les paysans alsaciens.

Les deux armées ayant chacune reçu des renforts, se livrèrent entre Philippsbourg et

Saverne une bataille qui fut à l'avantage des Hongrois. Mais, rappelés en Allemagne par l'invasion qu'y faisait le roi de Prusse, Frédéric II, les soldats de Marie-Thérèse repassèrent le Rhin, poursuivis par les Français qui occupèrent le Brisgau et assiégèrent Fribourg jusqu'à la paix.

En 1770, l'archiduchesse Marie-Antoinette fut reçue avec solennité à Strasbourg, comme future épouse du dauphin Louis, petit-fils de Louis XV, auquel il succéda en 1774.

Les destinées de l'Alsace étant absolument liées à celles de la France depuis le commencement du dix-huitième siècle, il ne reste à en signaler que quelques faits spéciaux.

Celui qu'il importe de constater d'abord, c'est qu'au moment de leur retour à la France, les Alsaciens furent inquiets de la conservation des libertés particulières dont ils jouissaient; mais que, tout en en sacrifiant une grande partie dans la seconde moitié du dix-septième siècle, ils se rattachèrent à la royauté française parce qu'elle protégeait leur sécurité et leur prospérité d'une manière efficace, ce que n'avait jamais pu faire l'empire d'Allemagne.

Ces sentiments d'affection se fortifièrent pendant la durée du dix-huitième siècle, et devinrent un dévouement complet lorsque la grande révolution de 1789 osa proclamer, à la face du monde, les droits de l'homme et les principes de liberté, d'égalité et de fraternité. A partir de ce moment, l'Alsace ne cessa jamais de donner les preuves du plus ardent patriotisme.

Le 20 juillet 1789, après la prise de la Bastille, des troubles populaires éclatèrent à Strasbourg, et causèrent d'assez graves dévastations dans l'hôtel de ville, en présence des troupes du maréchal de Rochambeau, qui ne fit rien pour réprimer ces désordres.

L'organisation de la garde nationale alsacienne s'effectue avec rapidité et enthousiasme.

Le pays fut alors divisé en deux départements, dans lesquels furent compris, sans tenir compte de certaines conditions des traités de Riswick et de Nimègue, les diverses possessions de princes étrangers enclavées dans leur territoire. La république de Mulhouse resta seule indépendante. Colmar fut chef-lieu du Haut-Rhin, et Strasbourg du Bas-Rhin.

Le 14 juillet 1790, une grande fête de fédération fut célébrée à Strasbourg, avec le concours d'une foule de délégués communaux et de détachements de la garde nationale.

Le serment civique imposé aux clergés des divers cultes est accepté sans aucune résistance par les ministres réformés et protestants; mais un grand nombre de prêtres catholiques préfèrent l'exil à la soumission, tandis que, malheureusement, quelques prêtres allemands viennent prêter le serment et s'installer dans le pays, la plupart d'entre eux ne cherchant qu'à satisfaire leurs ambitions personnelles.

Après l'insuccès, dans les Pays-Bas, de l'armée française placée sous les ordres de Rochambeau, au mois d'avril 1792, les troupes coalisées commandées par le duc de Brunswick font invasion en France, au mois d'août suivant, et s'emparent de Longwy et de Verdun ; elles sont battues à Valmy, le 20 septembre, par le général Kellermann, Alsacien.

En 1792, le maire de Strasbourg, Dietrich, qui avait donné les meilleurs gages de son patriotisme, et dans la famille duquel Rouget de l'Isle avait fait entendre pour la première fois son œuvre admirable de la *Marseillaise*, fut appelé à la barre de la Convention nationale, et condamné à mort par le tribunal révolutionnaire.

Le 21 septembre de la même année, la Convention proclama la République, et le 21 janvier 1793, Louis XVI fut livré au dernier supplice. A partir du mois de juin suivant, la *Terreur* régna sur la France. Elle eut peu d'effet dans le Haut-Rhin, mais exerça dans le Bas-Rhin, un pouvoir funeste à la fortune, à la sécurité, et même à la vie d'un assez grand nombre de citoyens. L'exécuteur de cette œuvre fatale fut un prêtre allemand, Jean-Georges Schneider, dit Eulogo, né dans l'évêché de Wurzbourg, et prédicateur de la cour du duc de Wurtemberg. Il était venu à Strasbourg en 1791, et y avait obtenu les fonctions de vicaire général de l'évêque constitutionnel. Plus tard, il se fit nommer accusateur public au tribunal criminel du Bas-Rhin, et devint l'agent le plus cruel des Terroristes. Il parcourait les communes du département, accompagné de gendarmes, de la guillotine et du bourreau, et y commit de tels excès que les conventionnels Saint-Just et Lebas le firent arrêter et conduire à Paris, où il fut condamné à mort par le tribunal révolutionnaire, et exécuté le 1er avril 1794.

A l'exception de l'incorporation à la France de la république mulhousienne, en 1798, peu d'événements assez importants pour être consignés dans ces pages restreintes ne se produisirent en Alsace pendant le Directoire, le Consulat et l'Empire.

Malgré l'ardeur avec laquelle les jeunes

Alsaciens se jetaient dans les rangs de nos armées, le pays fit des progrès immenses en instruction, dans les arts, les lettres et les sciences, en population, en commerce, en industrie, en agriculture, et en richesses de toute nature.

Sous le gouvernement des cinq directeurs, dont l'Alsacien Rewbell fut d'abord le membre le plus important, la France obtint d'éclatants succès. La Vendée fut pacifiée par le général Hoche, et les victoires du général Bonaparte permirent de fonder en Italie la République Cisalpine. Peu de temps après, la Hollande, Rome, Naples et Gênes furent transformées en Républiques.

Pendant cette période, le Rhin fut plusieurs fois franchi, près de Strasbourg vers Kehl, et près de Huningue, par des armées françaises, sous les ordres de Moreau ou sous ceux de Jourdan.

Modifié dans son personnel, le Directoire avait perdu Rewbell, Barthelemy et Carnot, et

Siéyès en était devenu le membre le plus influent.

Déjà célèbre par ses victoires en Italie et par son expédition en Egypte, le général Bonaparte quitta l'armée qu'il laissait dans ce pays sous les ordres du général Alsacien Kléber, revint à Paris, et aidé par Siéyès, renversa le gouvernement par une insurrection militaire, le 18 brumaire (9 novembre 1799).

Le 24 décembre suivant, une nouvelle constitution fut mise en exécution. Elle donnait une autorité *dictatoriale* au général Bonaparte, comme premier consul, assisté de deux collègues n'ayant que voix délibérative.

Ayant tout pouvoir entre ses mains, Bonaparte l'employa à améliorer les administrations judiciaires et civiles, à construire des routes, des canaux et des ponts, et à encourager l'agriculture, le commerce, l'industrie, les sciences et les arts. Les grandes filatures et indienneries alsaciennes prirent à cette époque un développement considérable.

Par des sénatus-consultes, Bonaparte se fit nommer consul à vie, le 2 août 1802, et proclamer empereur le 18 mai 1804. Le 26 mai 1805, il se fit sacrer à Milan, comme roi d'Italie.

Devenu empereur et roi, l'ex-général républicain Bonaparte ne se contenta pas de son pouvoir autoritaire sur la France, mais voulut imposer ses volontés à l'Europe entière. Aussi le règne de Napoléon fut-il une suite de guerres continuelles, suscitées les unes par son ambition, et les autres par la haine des souverains et même des peuples qu'il voulait dominer.

Ce fut d'abord, pour la France, une époque de gloire militaire et de puissance nationale, comme il ne s'en était pas vu depuis Charlemagne ; mais ensuite, à partir des malheureuses guerres d'Espagne et de Russie, une série de catastrophes qui finirent par deux invasions, la perte d'une partie du territoire possédé par la République, et le rétablissement de la royauté des Bourbons.

Dans ces guerres, l'Alsace et la Lorraine firent briller surtout, à côté du grand nom de Kléber, ceux de Ney, Duroc, Mouton, comte de Lobau, Kellermann, Rapp, Lefèbvre et Schram.

Des fêtes splendides furent données à Strasbourg, les 22 et 23 janvier 1806, à l'occasion du passage de Napoléon et de l'impératrice Joséphine, se rendant à Paris, après la victoire d'Austerlitz. Des fêtes semblables furent célébrées dans la grande ville alsacienne, les 22 et 23 mars 1810, en l'honneur de Marie-Louise, allant à Paris pour y remplacer sur le trône l'impératrice Joséphine.

Après les désastres de 1813, les armées alliées envahirent l'Alsace, et Strasbourg fut bloqué du 6 janvier au 16 avril 1814. Dans le Haut-Rhin, complètement dépourvu de troupes françaises, autres que les faibles garnisons de Belfort, Huningue et Neuf-Brisach, ces villes furent bloquées par l'ennemi, qui subit cependant un échec assez important près de Colmar, où avaient déjà pénétré une centaine d'éclaireurs cosaques, le 23 décembre 1813, tandis qu'un corps nombreux de cavalerie russe et allemande occupait les abords de la cité.

Dans la soirée du même jour, entrèrent inopinément dans celle-ci un millier de dragons français, faisant partie de la division du général Milhaut. Reçus avec enthousiasme et abondamment pourvus de vivres par les Colmariens, les dragons passèrent la nuit du 23 au milieu d'eux, et le lendemain matin se portèrent sur la route conduisant de Colmar à Bâle.

A moins d'un kilomètre de distance, ils se heurtèrent contre les ennemis, les chargèrent, les mirent en déroute, et les poursuivirent jusqu'auprès d'Ensisheim, où se trouvait le quartier général allemand, avec une armée de vingt mille hommes. Là, il fallut bien s'arrêter !

Dans ce brillant combat, il n'y eut qu'une soixantaine de Français tués ou blessés, tandis que les alliés perdirent deux cents hommes tués, deux cents prisonniers, un convoi de poudre qu'ils avaient pris la veille, et un général russe, Hetmann des cosaques, qui mourut à Colmar de ses blessures.

Après leur rapide et vigoureux exploit, les dragons rentrèrent à Colmar où ils se trouvèrent réunis au reste de la division Milhaut, qui y était arrivé dans la matinée du 24. Le lendemain, ces braves soldats sortirent d'Alsace, en traversant les Vosges par les vallées de Ribeauvillé et de Sainte-Marie.

Par décret du 14 avril 1814, le sénat nomma le duc d'Artois lieutenant-général du royaume, et le 3 mai suivant, Louis XVIII entra à Paris comme roi de France.

Moins d'une année après, le 1er mars 1815, Napoléon débarqua à Cannes, et le 20 du même mois il rentrait à Paris comme empereur.

La funeste défaite de Waterloo, livrée en juin 1815, permit aux souverains conjurés contre la France d'y rétablir le trône des Bourbons, que Louis XVIII occupa de nouveau le 9 juillet 1815.

Après avoir défendu les lignes de Wissembourg avec quinze mille hommes d'infanterie et deux mille chevaux, contre soixante mille Allemands, le général alsacien Rapp se replia sur Strasbourg, non sans livrer avec succès plusieurs combats à l'ennemi. Le 22 juillet il conclut un armistice avec le prince de Wurtemberg, et le blocus de Strasbourg dura du 28 juin au 15 septembre.

A l'extrémité opposée, au sud de l'Alsace, la ville de Huningue se distingua par une résistance héroïque, qui dura du 25 juin au 14 août 1815. Elle avait pour défenseurs cent canonniers, cinquante hommes appartenant à différents corps, cinq gendarmes et une centaine de gardes nationaux, contre vingt mille Allemands, commandés par l'archiduc Jean. Après un bombardement ininterrompu de soixante heures, elle fut à moitié détruite et réduite à capituler.

On vit alors le glorieux spectacle du brave Barbanègre, sortant de la petite ville si vaillamment défendue, et recevant les honneurs de la guerre, à la tête de cinquante hommes, les seuls survivants de la garnison, et la plupart blessés.

Par la seconde invasion, l'Alsace perdit Landau, Delémont et Porrentrui, le droit de relever les fortifications de Huningue, et resta occupée par les troupes allemandes jusqu'à la fin de décembre 1818.

Comme dans d'autres parties de la France, il y eut en Alsace de vifs mécontentements causés par les actes féroces de *la terreur blanche* dans les départements du Midi, par les tendances ultra-royalistes de la *Chambre introuvable*, le milliard donné aux émigrés, l'exécution des quatre jeunes sergents de la Rochelle, l'influence suprême dont abusa le parti ultramontain, et les procédés odieux dont furent victimes les officiers de l'ancienne armée.

L'opinion publique commença à se révolter contre cette réaction déplorable, et produisit, sur différents points, des tentatives de résistance, dont deux eurent le Haut-Rhin pour théâtre.

Sur différents points de la France, une vaste conjuration s'était organisée pour renverser le gouvernement imposé par les armées ennemies. Les confédérés de Belfort devaient prendre l'initiative du mouvement, au commencement de l'année 1822. Des patriotes dévoués accouraient de toutes parts vers cette ville : de Paris, c'étaient le général Lafayette et son fils, le colonel Pailhès, Bazard et beaucoup d'autres; et de Neuf-Brisach, Armand Carrel et Joubert; mais la dénonciation d'un sous-officier, qui fut pris de peur, fit manquer le projet et les conjurés furent, les uns obligés de rebrousser chemin, ou de prendre la fuite, et les autres arrêtés à Belfort ou même en Suisse, au mépris des droits de la neutralité de ce pays.

Quarante-quatre accusés, auxquels la population ne cessa de donner des témoignages de la plus vive sympathie, furent incarcérés dans la prison de Colmar, et y restèrent sous les verrous pendant neuf mois que dura l'instruction qui précéda leur comparution devant la cour d'assises du Haut-Rhin.

Malgré les efforts de la magistrature royale, les jurés alsaciens acquittèrent quarante des accusés et ne condamnèrent les quatre autres, Pailhès, Guinard, Duclaud et Tellier qu'à cinq ans de prison, cinq cents francs d'amende et deux ans de surveillance. Ceux-ci seuls furent privés de la chaleureuse ovation que les Colmariens firent à leurs co-accusés, à leur sortie de la prison.

Dans la même année 1822 et pendant l'incarcération des conjurés de Belfort, le chef-lieu du Haut-Rhin fut le théâtre de l'un des faits les plus odieux qui se soient passés sous le règne de Louis XVIII. Il est bon de le rappeler ici comme épisode caractéristique de cette époque.

Parmi les nombreux officiers mis à la retraite ou en demi-solde, et habitant Colmar, se trouvait un brave colonel de dragons, nommé

Caron. Il vivait fort retiré avec sa femme et un jeune fils âgé d'une dizaine d'années, et parmi les rares relations qu'il entretenait avec quelques amis, il comptait un ancien militaire, appelé Roger, et dégagé de tout rapport avec l'administration de la guerre.

Connus tous deux pour leurs opinions antipathiques aux Bourbons, ils eurent l'imprudence de les manifester en présence de quelques sous-officiers d'un régiment de chasseurs à cheval en garnison à Colmar. Ces sous-officiers qui s'appelaient Thiers, Gérard, Magnien et Delzaine, en firent part à leurs chefs. Ceux-ci les chargèrent alors de paraître disposés à accorder leur concours à toutes les propositions que Caron pouvait leur faire.

Encouragés ainsi par ces agents provocateurs, Caron et Roger conçurent le plan d'insurger contre le gouvernement les garnisons de Colmar et de Neuf-Brisach, et de délivrer les conjurés de Belfort.

Pour les entraîner à l'exécution de ce projet,

les sous-officiers leur donnèrent l'assurance qu'ils pouvaient disposer de leurs escadrons, et allèrent même jusqu'à remettre de l'argent destiné à subvenir aux premières dépenses. Ils arrivèrent ainsi à faire fixer le jour de la prise d'armes.

Le 2 juillet, dès la première heure, Caron et Roger se rendirent à cheval à l'endroit où devaient, dans la campagne, les rejoindre un escadron venu de Colmar et un autre de Brisach. La rencontre effectuée, Caron revêtit sa grande tenue de colonel de dragons et jeta dans les vignes ses vêtements civils ; mais ceux-ci furent aussitôt dérobés et portés au préfet par le maréchal des logis Magnien.

Le colonel Caron fit alors une allocution aux trois cents chasseurs qui l'avaient rejoint, et qui avaient reçu l'ordre d'obéir en tout à leurs sous-officiers, quoiqu'ils vissent dans leurs rangs quelques-uns de leurs officiers vêtus en simples soldats.

Aux paroles de Caron répondit le cri de :

Vive l'Empereur! et la colonne se mit en marche vers Ensisheim, en traversant plusieurs grands et populeux villages, dont le même cri incessamment répété ne parvint heureusement pas à soulever les habitants.

Arrivés à Battenheim, les chasseurs refusèrent d'aller à Ensisheim, et quelques moments après se jetèrent sur Caron et sur Roger, les dépouillèrent de leurs papiers et de leurs armes, et les hissèrent, pieds et poings liés, sur une charrette pour les ramener à Colmar, entourés par l'un des escadons seulement, l'autre étant retourné à Neuf-Brisach.

On peut juger de l'étonnement douloureux des Colmariens lorsqu'ils virent passer dans leurs rues l'ignoble véhicule gardé en tête, en queue et sur les flancs par les chasseurs à cheval. Sur l'unique banquette de la charrette réquisitionnée à Battenheim, se trouvait garrotté le colonel Caron; son uniforme était souillé de poussière, sa belle tête ornée de cheveux blancs entourant un crâne nu, était exposée au soleil ardent du milieu du jour, privée de son casque jeté aux pieds du prisonnier; et derrière le siège rustique gisait Roger en costume bourgeois, étendu sur une mince couche de paille.

Après l'incarcération de ces deux victimes d'une si odieuse trahison, de nombreuses patrouilles de cavalerie circulèrent dans les rues jusqu'à la nuit. Cette ridicule mise en scène avait pour objet de permettre aux autorités de mettre dans leurs rapports au gouvernement, qu'elles avaient eu à prendre des mesures nécessaires au maintien de la tranquillité publique.

Roger étant civil, et l'affaire ne pouvant être disjointe entre Caron et lui, tous deux devaient comparaître en cour d'assises, car toute juridiction militaire était incompétente à son égard. Cependant, par ordre du gouvernement, tous deux furent traînés à Strasbourg devant un conseil de guerre qui condamna Caron à mort et Roger aux galères.

Leur pourvoi en cassation resta dans les cartons du ministre Peyronnet, et il ne fut pas même permis à Caron de revoir sa femme et son fils. Il fut fusillé derrière la caserne de la Finckmatt, à Strasbourg, et Roger fut livré pour plusieurs années aux cruelles souffrances, morales et matérielles, du bagne de Toulon.

Les quatre sous-officiers, principaux acteurs visibles de cet affreux drame, furent nommés sous-lieutenants, et de plus, Gérard et Thiers furent décorés de la croix d'honneur. Ces promotions eurent lieu à une revue, au Champ de Mars de Colmar, en présence des habitants écœurés.

Des personnes bienfaisantes de Mulhouse assurèrent le sort du jeune Caron. Revenu du bagne, Roger, bien accueilli à Colmar, y établit un manège civil dont les produits le firent vivre honorablement. Après Juillet 1830, il fut nommé lieutenant de gendarmerie en Algérie.

TREIZIÈMES VUES

Révolution de 1830 et règne de Louis-Philippe. — Révolution de 1848. — Célébration patriotique du deuxième centenaire du retour de l'Alsace à la France. — Coup d'État et second Empire. — Plébiscite. — Guerre avec l'Allemagne.

La France se lassait de plus en plus du régime réactionnaire et clérical du gouvernement des Bourbons, et il s'y formait, sous le nom d'*opinion libérale*, une opposition générale à laquelle prenaient part tous les anciens adhérents de l'Empire et tous les esprits avides de progrès et de liberté.

La voix populaire s'élevait de tous côtés pour rappeler les droits acquis par la révolution de 1789, les gloires de l'Empire, l'origine et les fautes de la Restauration, et pour exiger le respect absolu de la *Charte constitutionnelle*. Aussi, à chaque élection nouvelle des membres de la Chambre, le nombre des députés *libéraux* devenait-il plus considérable.

Cependant, après un voyage fait en Alsace, en 1828, par Charles X, et pendant lequel on lui fit considérer les acclamations officielles dont on l'entoura comme des preuves de dévouement populaire, ce vieux roi ne craignit pas de donner le commandement d'une armée française à Bourmont, le grand traître de Waterloo, de mettre celle de Paris sous les ordres de Marmont, coupable d'avoir laissé libre le passage des alliés vers la capitale, lors de l'invasion, et de violer la Charte par ses fameuses ordonnances de juillet 1830.

C'en était trop! L'adresse au roi, votée par 221 députés libéraux de la Chambre, provoqua le soulèvement du peuple de Paris, et après trois jours de combat, les Bourbons furent une fois encore chassés de France.

La révolution de 1830 fut acclamée avec enthousiasme par l'immense majorité des Français, et si ardemment accueillie en Alsace qu'avant même qu'on y connût le succès définitif des combattants parisiens, les habitants de plusieurs villes avaient déjà pris des mesures patriotiques destinées à les soutenir.

Il s'y forma immédiatement des corps de volontaires qui furent, au bout de peu de temps, remplacés par l'organisation de la garde nationale.

Dès le mois de septembre, l'Alsace comptait plus de cinquante mille gardes nationaux, armés et équipés par l'État et habillés à leurs frais. Cette nombreuse milice alsacienne comprenait, dans diverses localités, des escadrons ou compagnies de cavalerie, et dans toutes les places fortes, ainsi qu'à Mulhouse et Colmar, des batteries d'artillerie, et partout des corps de sapeurs-pompiers organisés par bataillons, compagnies ou sections, selon l'importance des localités.

La majeure partie de ces hommes ayant servi comme soldats, la plupart des chefs étant d'anciens officiers de l'armée, la garde nationale d'Alsace fut bientôt fort bien exercée et capable de rendre des services militaires d'une importance réelle.

Ces bons résultats furent produits en partie par l'exaltation patriotique que suscitèrent, dans le pays, les menaces faites à la France par le Czar Nicolas, et dont l'effet fut empêché par l'insurrection des Polonais, qui, une fois encore, versèrent leur sang en combattant les ennemis des Français.

Le 7 août 1830, les députés, outrepassant quelque peu les missions dont ils avaient été précédemment chargés par leurs électeurs, avaient proclamé le duc d'Orléans, Louis-Philippe, comme *roi des Français*, et non *parce qu'il* était Bourbon, mais *quoiqu'il* fût Bourbon. Ils croyaient avec le vieux Lafayette que son règne serait la *meilleure des républiques.*

L'avènement de Louis-Philippe fut accueilli avec satisfaction par l'immense majorité de la nation, et c'est dans une série d'ovations enthousiastes que ce souverain populaire parcourut l'Alsace, en 1831, avec ses deux fils, les ducs d'Orléans et de Nemours.

On voyait en lui l'ami reconnu de tous les chefs du grand parti libéral, l'ancien général républicain de Valmy et de Jemmapes, le roi-citoyen qui faisait élever ses fils dans les lycées, et qu'on avait pu voir, sur la voie publique, en redingote bourgeoise, avec un chapeau gris, et la main armée d'un parapluie ; c'était le représentant d'un gouvernement soumis à une charte *imposée* et non *octroyée*, d'un gouvernement de liberté et de progrès.

Et il en fut réellement ainsi pendant les deux premières années de son règne ; mais alors il commença à se détourner de la voie des améliorations politiques et à se renfermer dans une enceinte de plus en plus étroite des droits de la royauté. Il répondit de moins en moins aux aspirations généreuses du pays, et pour les détourner ou s'y opposer, il usa d'abord les ministères de Dupont de l'Eure, de Laffitte et de Casimir Perier, et ensuite jeta tour à tour, pendant une quinzaine d'années, sur les plateaux de sa balance gouvernementale, les ministres Thiers, Molé, de Broglie et Guizot.

Avec celui-ci, il résolut de repousser un vœu général de l'opinion publique : celui d'adjoindre aux électeurs censitaires une liste des capacités constatées par les titres de licenciés dans les diverses facultés, et d'officiers en retraite.

La borne qu'il voulut ainsi poser en obstacle au mouvement des esprits fut trop faible pour résister ; elle fut brisée en 1848, et ses éclats emportèrent les débris du trône, écroulé au bruit de quelques heures de fusillade.

Louis-Philippe n'avait pas encore atteint l'Angleterre, où il se réfugiait, que déjà la seconde République surgissait du sol français. Son avènement ne produisit pas un enthousiasme aussi général que celui qui avait éclaté en 1830, mais elle eut cependant l'assentiment de la majorité nationale et le consentement, au moins apparent, de tous les citoyens.

La République de 1848 parcourut en Alsace les mêmes phases que dans les autres parties de la France. Les gardes nationales, successivement licenciées sous le règne de Louis-Philippe, ou tombées en désuétude par les effets de la mauvaise loi qui les régissait, s'y étaient reformées rapidement avec succès; mais, malheureusement il s'y était constitué aussi un nombre regrettable de clubs et de sociétés populaires, plus nuisibles par leurs exagérations qu'utiles aux progrès réels.

Malgré ces dissonances entre les vrais patriotes et un certain nombre d'hommes trop exaltés, ce fut avec un grand enthousiasme et un parfait esprit de concorde, qu'en 1848 l'Alsace entière célébra le deuxième centenaire de son retour à la France.

Des fêtes brillantes, et relevées surtout par leur éclat militaire, furent données successivement avec deux jours d'intervalle, à Belfort, Mulhouse, Colmar et Strasbourg ; et à chacune d'elles, se trouvaient réunis de nombreux détachements de gardes nationales des deux départements, manœuvrant avec les troupes des diverses garnisons sur les terrains de revue, et fraternisant ensuite avec elles dans de joyeuses collations servies en public, au sein d'une population éminemment patriotique.

Malgré son caractère essentiellement démocratique, le peuple alsacien ne put se soustraire à l'influence des intrigues bonapartistes, si habilement dirigées par le duc de Morny à l'aide d'un nombre immense d'agents et d'émissaires répandus sur toute la France.

Aux classes populaires on faisait croire à un avenir de réformes destinées spécialement à leur amélioration sociale ; aux hommes modérés et prudents, ou présentait au contraire et sans cesse l'image du *spectre rouge*, prêt à détruire la famille, la propriété et l'ordre social tout entier ; à d'autres encore, on promettait le calme intérieur et la paix extérieure ; et aux yeux de tous, on faisait briller l'éclat des gloires et de la puissance du premier Empire.

C'est ainsi que Louis-Napoléon fut élu président de la République.

Les efforts faits pour arriver à ce résultat n'avaient pourtant obtenu en Alsace que des succès encore insuffisants, lorsque quelques mois avant le coup d'État du 2 décembre 1851, le Prince-Président, comme affectaient de le nommer les hommes du parti bonapartiste, traversa les deux départements du Rhin.

Ce voyage fut pour lui l'occasion d'une suite continue de déceptions et de mécontentements. Partout il fut mal reçu par les habitants des villes où il s'arrêtait, et où il n'entendait que les seuls cris de vive la République. Aussi, depuis Besançon jusqu'à Strasbourg, devançait-il toujours l'heure fixée pour son départ, et par conséquent aussi celle de son arrivée dans la ville suivante.

Peu de temps après, éclata le coup d'Etat par lequel Louis-Napoléon porta une main violente sur la République qui l'avait rappelé de l'exil et élevé au rang de ses représentants, qui lui avait confié sa magistrature suprême, et à laquelle il avait, comme député et comme président, juré fidélité et dévouement.

Le 2 décembre 1851 on arrêta les principaux députés républicains, on chassa les autres, et on écrasa à coups de canon quelques rassemblements qui essayèrent une faible résistance à Paris.

Dans les départements, on étouffa violemment toutes les tentatives semblables qui se produisirent dans quelques localités. Partout on menaça et surveilla les citoyens connus pour leurs opinions républicaines ; on en interna un grand nombre dans les départements éloignés de ceux qu'ils habitaient ; et de Paris comme de province, on en déporta en Afrique une quantité considérable.

Égarés par la légende du premier Empire, trompés par des promesses illusoires, mensongères et souvent contradictoires, et impressionnés par de puissants moyens d'intimidation, les électeurs amnistièrent par un plébiscite l'usurpation violente du 2 décembre.

Les vingt années qui suivirent, sous le régime impérial, qui devait être la paix, furent agitées par une série de guerres, en Chine, en Crimée, en Italie, au Mexique, et enfin, hélas !..... en France !

Le pouvoir autoritaire et personnel du gouvernement impérial avait perdu de son prestige dans les classes éclairées de la nation, et dans le but de prévenir sa décadence, il saisit un prétexte pour demander au pays et en obtenir un nouveau plébiscite qui eut lieu le 8 mai 1870.

Cette victoire électorale ne pouvait suffire à

l'empereur pour effacer de son histoire les pages déplorables de la guerre du Mexique, et il lui fallait une autre victoire plus retentissante pour assurer le sort de sa dynastie.

C'eût été certainement la consolider que de donner au pays la gloire de vaincre la Prusse, qui depuis Sadowa dominait l'Allemagne entière et aspirait à rétablir le grand empire germanique.

Quoiqu'il fût évident qu'en cas de guerre avec la France, les différents peuples allemands se rallieraient immédiatement à la Prusse, et malgré le dénuement de nos arsenaux et de notre armée épuisée par l'expédition mexicaine, le gouvernement impérial résolut de jouer le sort de la patrie dans une guerre que l'Impératrice disait être sa *guerre à elle*, parce qu'elle y voyait à la fois le salut de l'avenir de son fils et l'abaissement d'une nation protestante prête à devenir prépondérante en Europe.

Enhardie et enorgueillie par le succès de

ses armes en Danemark et en Autriche, et
confiante dans les armements formidables
qu'elle préparait depuis longtemps, la Prusse,
elle aussi, désirait la guerre contre la France.

Dans cette disposition réciproque des deux
gouvernements français et prussien, une difficulté diplomatique s'éleva entre eux, au sujet du prince de Hohenzollern qui devait
monter sur le trône d'Espagne. Napoléon III
exigea qu'il y renonçât, et que le roi de Prusse
se fit garant de cette résolution. Guillaume Ier
consentit à la renonciation, mais se refusa à
la garantir. Il n'en fallut pas davantage et la
déclaration de guerre fut lue à la Chambre des
députés de la France, le 20 juillet 1870.

QUATORZIÈMES VUES

Etat de l'Alsace avant la guerre de 1870. — Evénements qui s'y passèrent pendant cette guerre. — Cession de l'Alsace-Lorraine, et ses effets. — Patriotisme des Alsaciens-Lorrains.

Dans le courant du dix-neuvième siècle, l'Alsace s'est élevée à un degré remarquable de prospérité et de progrès en tous genres; De trois cent mille âmes qu'elle comptait lors de son retour à la France, en 1648, sa population était arrivée en 1870 au chiffre d'un million d'habitants laborieux, intelligents et dignes de jouir des dons accordés par la nature à cette belle, féconde et riche contrée.

Mesurée sur une ligne droite, tirée du sud

au nord entre ses deux points extrêmes, celle-ci a une longueur de 200 kilomètres, et sur une ligne semblable tracée de l'ouest à l'est sa largeur moyenne est de 55 kilomètres. Sa superficie est de 801,500 hectares, dont environ 435,000 en terres cultivées et prairies, 290,500 en forêts, 27,000 en vignes, et près de 49,000 en terres incultes de montagnes, en lacs, étangs, etc.

Elle est sillonnée de routes, de canaux et de voies de communication diverses, dont les plus importants sont les chemins de fer de Belfort et de Bâle à Mulhouse, Colmar, Strasbourg et Saverne, et le canal du Rhône au Rhin qui aboutit à Strasbourg.

La vaste plaine étendue, comme un jardin bien nivelé, entre le Rhin et les Vosges, des frontières de Suisse à celles du Palatinat; parsemée de belles et grandes forêts, de prés fertiles, et de nombreux cours d'eau, est riche de toutes les cultures que comporte le bienfaisant climat de la France, sauf les orangers et les oliviers du midi. Beaucoup de villes et un grand nombre de villages sont dispersés de tous côtés et rarement séparés les uns des autres par une distance de plus de 4 à 5 kilomètres.

Dans toute l'étendue du versant oriental de la chaîne des Vosges, ces montagnes ont leurs pentes inférieures couvertes de plantureux vignobles, leurs flancs boisés de chênes et de châtaigniers, et leurs sommets chargés de sombres et imposantes sapinières, que dominent seules les ruines de nombreux châteaux-forts de l'époque féodale, et quelques cimes plus élevées encore, vastes pâturages alpestres dont les plus hautes atteignent 1,400 mètres d'altitude.

Dans cette belle chaîne vosgienne se trouvent à la fois de grandes et fertiles vallées, de gracieux et charmants vallons, des lacs, des torrents, des cascades, des rochers immenses, et des précipices bordés de murailles granitiques hautes de cent mètres. On y voit ainsi, à peu de distance les uns des autres, les sites les plus riants, les aspects les plus sauvages, et les scènes les plus variées d'une puissante nature, tantôt douce et bienfaisante, tantôt grandiose, âpre, menaçante et semblant tressaillir encore des cataclysmes subis dans les temps préhistoriques.

La forte race alsacienne a su ajouter aux dons naturels de son beau et fécond pays tous les bienfaits de la civilisation.

L'instruction publique était très développée dans les deux départements du Rhin. L'académie de Strasbourg avait acquis un renom mérité par le haut enseignement donné dans les chaires de ses facultés, et cette ville possédait en outre une école de médecine militaire et un lycée. Colmar avait un lycée, et Mulhouse un excellent collège et une école industrielle fort remarquable. Plusieurs autres collèges existaient à Haguenau, Wissembourg, Saverne, Obernai, Sélestat, Rouffach, Thann, Altkirch et Belfort.

De la jeunesse studieuse de ces établissements un grand nombre de sujets s'élevaient aux hautes études des sciences, des lettres, de la médecine et du droit, ou prenaient un rang honorable dans les écoles polytechnique, normale, forestière, centrale, de Saint-Cyr et des Arts-et-Métiers de Châlons.

L'instruction primaire était tellement répandue que les moindres villages avaient au moins une école, et que, dans les dernières années, *tous les conscrits* savaient lire et écrire.

De même que les deux départements alsaciens étaient placés aux premiers rangs de la statistique de l'instruction populaire en France, celui du Bas-Rhin était classé deuxième, et celui du Haut-Rhin, troisième, dans l'ordre des départements où l'agriculture était le plus perfectionnée.

Dans chacun des deux chef-lieux existait une société départementale d'agriculture, rayonnant sur les comices agricoles établis dans chaque arrondissement et sur de nombreux comices cantonaux et communaux.

Aussi pouvait-on admirer l'énergie infatigable des cultivateurs et des vignerons du pays, dont les uns recueillaient en quelques jours les abondants produits de ses immenses vignobles, et dont les autres récoltaient, avec la même ardeur au travail, les moissons dont se couvraient ses vastes territoires agricoles, ou les herbages de ses nombreuses prairies naturelles et artificielles.

Dans les champs, dans les prés, dans les vignes, on travaillait vigoureusement pendant toute l'année, mais surtout avec une grande énergie à l'époque des récoltes, et on ne connaissait la fatigue et le repos qu'après besogne faite.

La division des terres et la multiplicité de leurs propriétaires contribuaient puissamment à ces bons résultats. Ceux même qui, en petit nombre, possédaient de grandes exploitations agricoles, les administraient personnellement, et il y avait peu de fermiers. La terre d'Alsace, comme ses habitants, était essentiellement démocratique.

Les ouvriers des villes faisaient prospérer, par leur habileté laborieuse, les établissements et les ateliers où ils étaient employés, et ils ont ainsi largement pris part au développement des grandes et nombreuses manufactures qui ont si puissamment augmenté les richesses du pays.

En retour des labeurs et des aptitudes de leurs ouvriers, les fabricants alsaciens leur ont toujours donné des preuves de leur bienveillante sollicitude, en créant pour eux des caisses de secours et de retraites, des écoles pour leurs enfants, et des cités ouvrières dont celle de Mulhouse fut la première établie en France, le plus parfait modèle de toutes celles qui ont cherché à l'imiter, et la plus belle œuvre de philanthropie sage et savante, donnant aux travailleurs les moyens faciles d'améliorer leur sort et d'assurer leur avenir, tout en leur laissant une complète indépendance.

Il faut dire encore, à l'honneur des grands industriels d'Alsace, que dans les temps de crise et de chômage, ils ont fait des sacrifices considérables pour conserver à leurs ouvriers le plus grand nombre possible d'heures de travail, et leur assurer ainsi les ressources nécessaires à leur existence. Aussi est-il bon d'ajouter que dans ce pays si éminemment industriel et où les grandes manufactures comptent leurs ouvriers par milliers, il n'y a jamais eu de grèves, mais à peine deux ou trois agitations légères, inoffensives, réduites à un petit nombre d'individus, restreintes à quelques heures, et n'ayant aucune ressemblance avec cette affreuse plaie qui ruine les ouvriers et les patrons, et porte de graves atteintes à la prospérité générale de la nation.

Comme dans tous les pays où la grande industrie est fort développée et où la densité de population est considérable, le commerce était très florissant en Alsace.

La population alsacienne a toujours été animée des sentiments les plus sympathiques pour tout ce qui touche à l'armée, et tous les officiers et soldats qui ont séjourné dans les villes de garnison du pays, s'en sont éloignés à regret et en conservant le souvenir de l'accueil hospitalier et affectueux dont ils y jouissaient.

De mémoire d'homme les jeunes Alsaciens ont constamment montré un goût très prononcé pour l'état militaire. Les jours de conscription ont toujours été des jours de fête, et un grand nombre de ceux que le sort épargnait entraient au service volontairement. Ils se rengageaient d'ailleurs si volontiers qu'ils fournissaient un contingent considérable au corps des sous-officiers.

Quant aux officiers alsaciens, ils étaient nombreux aussi dans tous les corps de l'armée, et de leurs rangs sont sortis, en foule, des hommes renommés par les services qu'ils ont rendus à la patrie, et dont quelques-uns des plus célèbres ont laissé à la postérité les noms glorieux de Kellermann, Kléber, Rapp, Lefèvre, Pélissier, Bruat et tant d'autres.

Sous l'influence de l'esprit militaire qui régnait en Alsace, elle comptait dans son sein un grand nombre de sociétés de tir et de gymnastique.

Dans les villes de deuxième et de troisième ordre, la bourgeoisie, formée presque uniquement de propriétaires et de commerçants, se distinguait par des habitudes calmes, rangées et essentiellement familiales.

Dans les cités plus importantes, cette bourgeoisie, plus considérable, plus active, plus riche, et comptant parmi ses membres un plus grand nombre d'artisans, de négociants, de propriétaires et de rentiers, se trouvait augmentée encore par la présence des diverses classes de fonctionnaires de l'État, du département et de la commune. Cette agglomération d'hommes dont la carrière exige un degré supérieur d'instruction, produisait un ensemble caractérisé par le goût des réunions, du théâtre, des concerts, et des sociétés scientifiques, littéraires et artistiques, sans porter d'ailleurs d'atteinte sérieuse aux saines et vivifiantes habitudes de la vie de famille.

Fort peu de villes alsaciennes étaient privées de sociétés musicales, soit orphéoniques soit harmoniques, et les plus importantes en renfermaient plusieurs.

A Strasbourg, l'esprit civilisateur trouvait un puissant stimulant dans l'enseignement élevé donné dans les facultés de son académie si justement renommée, dans les richesses de son admirable bibliothèque et de ses musées d'art et d'histoire naturelle, et dans les ressources de son beau théâtre.

A Mulhouse, l'élément du progrès social résidait surtout dans la haute influence de la *Société industrielle*, dont les savants chimistes, physiciens, mécaniciens et naturalistes ont produit tant de travaux importants, qu'elle est devenue la première des sociétés scientifiques de France, après l'Institut.

Colmar, moins populeux que les deux grandes cités précédentes, n'en recevait que plus facilement peut-être, et ne laissait que mieux pénétrer, dans l'ensemble de ses habitants, les heureuses influences intellectuelles exercées par les magistrats de sa Cour d'appel et de ses deux tribunaux, par les nombreux membres de son barreau et ses officiers ministériels, et par la quantité considérable des fonctionnaires attachés à toutes les administrations départementales concentrées dans ce chef-lieu du Haut-Rhin. Celui-ci possédait d'ailleurs une immense et très importante bibliothèque, ainsi qu'un magnifique musée de peinture, d'histoire naturelle et d'ethnographie. Comme à Strasbourg et à Mulhouse, on y cultivait avec ardeur les sciences, les lettres et les beaux-arts.

L'Alsace donnait aussi l'exemple d'une grande tolérance en matière religieuse. Les catholiques formaient à peu près les trois cinquièmes de la population et vivaient en paix profonde avec les protestants qui, avec un nombre très inférieur d'Israélites, constituaient les deux autres cinquièmes. Les libres-penseurs se trouvaient disséminés entre les fidèles attachés à ces trois cultes, dont quelques rares individus, aussi isolés que peu influents, cherchaient seuls, quelquefois et sans succès, à troubler la bonne harmonie.

Un fait pris isolément peut servir d'exemple à ce qui précède. Dans la riche commune de Horbourg, près Colmar, une vieille petite église servait alternativement, selon les besoins de leurs fonctions, aux prêtres des deux religions chrétiennes.

L'esquisse qui précède ne donne qu'une faible idée de ce qu'était l'Alsace au moment où éclata la fatale guerre de 1870.

Dans le courant de juillet, les gardes mobiles alsaciennes sont appelées sous les drapeaux et vont occuper les villes fortifiées du pays, tandis que de nombreux convois militaires transportent vers la frontière du Palatinat, une partie des deux cent cinquante mille hommes que la France était réduite à opposer à un million d'Allemands.

Dès le 4 août, un corps de huit mille Français, posté près de Wissembourg sous les ordres du général Abel Douai, est surpris et attaqué par quatre-vingt mille Prussiens et Bavarois, et après un combat héroïque, forcé de se replier sur Haguenau. Puis viennent les défaites de Mac-Mahon et du général Frossard, qui produisent une profonde désolation en Alsace, où il n'existe plus de troupes et où les villes fortes elles-mêmes ne sont gardées que par quelques débris de régiments, des gardes mobiles rassemblés à la hâte, mal armés, mal équipés et mal habillés, et par les citoyens qu'un décret du 10 août vient d'appeler dans les rangs de la garde nationale sédentaire.

Après la défaite du maréchal Mac-Mahon, les Allemands s'étendirent sur le département du Bas-Rhin et investirent Strasbourg.

Pendant la durée de ce siége, Napoléon III

fait capituler Sedan, livre l'armée française à l'ennemi auquel il se rend, et la troisième république est proclamée à Paris, le 4 septembre.

Ce n'est que le 12 septembre que les Allemands pénétrèrent dans le Haut-Rhin, où l'on avait, depuis le commencement du mois, organisé sur le papier la garde nationale, à laquelle on n'avait pu donner qu'un petit nombre de fusils à piston, sans équipement ni munitions.

Cependant, lorsque le 13 septembre, à huit heures du matin, un corps de six mille Badois armé de cinq pièces d'artillerie, s'approcha de Colmar, la compagnie des francs-tireurs de Saint-Denis qui y stationnait depuis trois jours, se porta au-devant de l'ennemi, accompagnée d'environ cent cinquante gardes nationaux que leur patriotisme entraîna individuellement dans cette tentative honorable mais inutile de défendre une ville ouverte et privée de tout armement sérieux. Ces braves gens repoussèrent les avant-gardes badoises jusqu'au delà de Horbourg. mais furent ensuite forcés de battre en retraite, après avoir tué quelques Allemands et avoir perdu eux-mêmes un franc-tireur et deux bourgeois colmariens.

Pour se venger de la courte résistance qu'ils venaient d'éprouver, les Badois voulurent faire sauter l'usine à gaz située dans le voisinage du lieu où elle s'était produite. A cet effet, ils frappèrent cet établissement, en une demi-heure, de trente sept obus qui y causèrent d'importants dégâts.

Après ce bel exploit, ils entrèrent, en colonne serrée, dans le chef-lieu du Haut-Rhin, où ils tuèrent dans les rues trois hommes inoffensifs.

Après leur sortie de Colmar, le 15 septembre, on vit passer dans cette ville, tantôt des francs-tireurs, tantôt des uhlans prussiens, et il y est même arrivé quinze cents mobiles de Lyon dirigés sur Brisach.

Strasbourg, écrasé par la puissante artillerie allemande, fut forcé de se rendre le 28 septembre, et aussitôt après Sélestat et Brisach furent investis et Mulhouse occupé par plus de dix mille ennemis.

Pendant la première quinzaine d'octobre, le pays tout entier est soumis à d'incessantes réquisitions, à des abus de toute nature, et à de nombreuses arrestations. Un grand nombre de jeunes gens s'échappent à travers les troupes et les postes ennemis répandus de toutes parts, traversent les Vosges, et rejoignent des corps de l'armée française.

Après s'être vaillamment défendus, Sélestat est réduit à se rendre le 24 octobre, et Brisach le 10 novembre. Les gardes mobiles alsaciens sont livrés à la brutalité des troupes allemandes qui les emmènent dans leur pays, où ils sont soumis aux plus dures privations.

Belfort seul peut continuer encore sa glorieuse défense !

C'est avec un désespoir croissant que le peuple alsacien apprit successivement la trahison de Bazaine et la reddition de Metz, les défaites des armées de Bourbaki, de Chanzy et de Faidherbe, la capitulation de Paris, et l'affreuse guerre civile qui en fut la suite.

Mais il lui restait à recevoir un dernier coup plus cruel encore, et qui terrassa en même temps ses frères de Lorraine, celui d'être livré à l'Allemagne, comme rançon de la France !

Pour donner un gage de leur reconnaissance à tous ceux qui avaient pris part à la défense nationale, les Alsaciens voulurent la considérer comme personnifiée dans l'homme qui en avait été le moteur le plus actif et le plus puissant ; lorsqu'ils furent appelés à élire leurs députés à l'assemblée de Bordeaux, ils portèrent Gambetta en tête des listes de leurs élus, dans les deux départements du Rhin.

Avant la ratification du traité de paix avec l'empire d'Allemagne, par l'assemblée de Bordeaux, les représentants Alsaciens-Lorrains adressèrent à celle-ci une protestation contenant le passage suivant :

Nous proclamons, par les présentes, à jamais

inviolable, le droit des Alsaciens-Lorrains de rester membres de la nation française, et nous jurons, tant pour nous que pour nos commettants, leurs enfants et leurs descendants, de le revendiquer éternellement et par toutes les voies, envers et contre tout usurpateur.

« Nous sommes Français et voulons rester Français.

« Nous dénions à qui que ce soit sur la terre, assemblée ou plébiscite, le droit de nous vendre, en totalité ou par lots, fût-ce même sous le prétexte d'épargner à la nation de nouvelles souffrances. »

Et cependant, dans sa séance du 2 mars, l'assemblée de Bordeaux adopta par 546 voix contre 107, les préliminaires de paix admis à Versailles le 26 février 1871, et en vertu desquels la France cédait à l'Allemagne la cinquième partie de la Lorraine, y compris Metz et Thionville, et l'Alsace entière moins Belfort.

Après cette décision de l'Assemblée, les représentants du territoire cédé firent entendre une dernière protestation, dont voici les termes les plus importants :

« Livrés, au mépris de toute justice et par un odieux abus de la force, à la domination de l'étranger, nous avons un dernier devoir à remplir.

« Nous déclarons encore une fois, nul et non avenu, un pacte qui dispose de nous sans notre consentement.

« La revendication de nos droits reste à jamais ouverte à tous et à chacun, dans la forme et la mesure que notre conscience nous dictera.

« Au moment de quitter cette enceinte, où notre dignité ne nous permet plus de siéger, et malgé l'amertume de notre douleur, la pensée suprême que nous trouvons au fond de nos cœurs est une pensée de reconnaissance pour ceux qui, pendant six mois, n'ont pas cessé de nous défendre, et d'inaltérable attachement à la Patrie dont nous sommes violemment arrachés. »

Le ferme et patriotique langage de leurs représentants, était l'écho fidèle des sentiments des populations d'Alsace-Lorraine. Elles ne pouvaient douter qu'en accueillant avec bonne volonté la domination Allemande, leurs riches contrées seraient devenues l'un des joyaux les plus précieux de l'empire germanique, qui leur aurait alors accordé toutes ses faveurs; mais elles n'eurent que du mépris et de la haine pour tout ce qui aurait pu porter atteinte à leur fidélité à la France.

Pour ne pas subir le joug de l'étranger, deux cent mille Alsaciens-Lorrains s'exilèrent de leur pays natal, et les treize cent mille autres, qu'y retenaient des devoirs ou des nécessités auxquels il eût été coupable de se soustraire, y ont maintenu énergiquement les sentiments qu'ils avaient toujours portés à la Patrie dont on les séparait violemment.

Et depuis 19 ans que dure leur fatale annexion à l'Allemagne, que n'ont-ils pas souffert?

Toujours inquiétés et suspectés par des autorités méfiantes et hostiles, combien d'entre eux n'ont-ils pas été, pour les motifs même les plus futiles, arrêtés, emprisonnés, jugés, condamnés, exilés?

Leur pays tout entier n'est-il pas soumis à une sorte de barbare *quarantaine?* Ils n'en sortent que surveillés par la police, et on n'y pénètre qu'avec des difficultés telles qu'elles s'opposent souvent aux relations et aux devoirs les plus sacrés de la famille.

On y proscrit la langue française non seulement dans les écoles et dans tous les actes publics, mais jusque dans les usages les plus habituels du commerce.

On y dispose largement des revenus publics pour construire des forts et des casernes, et on espère que la dépréciation des propriétés foncières permettra d'en faire l'acquisition à bas prix, et d'y établir des colonies d'immigrants affamés, qui viendront se joindre à ceux déjà trop nombreux dont les pieds souillent le sol de quatre départements français.

Et, malgré tous ces agissements du gouvernement impérial d'Allemagne, l'Alsace-Lorraine appauvrie, opprimée, exploitée, reste dévouée à la France, s'isole de toutes relations privées entre ses habitants et les étrangers qui l'ont envahie, entretient la plaie saignante qui l'a attachée aux flancs de l'Allemagne.

Ce dernier pays est responsable de toutes les calamités dont souffre l'Europe, par les inquiétudes qui troublent son commerce international, et par les dépenses énormes qu'absorbent les armements formidables que chacun de ses peuples croit nécessaires à sa sécurité.

Suffisamment puissante cependant, après ses victoires sur le Danemark, l'Autriche et la France, l'Allemagne ne s'est pas contentée de ses gloires, des riches rançons arrachées aux vaincus, et des nombreuses rapines locales exercées par ses soldats; elle a voulu de plus transporter sur les Vosges une frontière allemande, indécise et factice, au lieu de la laisser sur la rive droite du Rhin, ce grand et large fleuve qui, après avoir, pendant une longue suite de siècles, servi de limite entre les Celtes et les Teutons, puis entre leurs fils gaulois et germains, puis encore entre les Francs et les Allemands, est la seule barrière naturelle et invariable qui puisse séparer, à l'avantage des deux nations, la France et l'Allemagne.

Pour le repos et le progrès du monde il faut revenir à cette grande tranchée, tracée par la nature, entre des peuples d'origines et de races différentes.

FIN

TABLE DES MATIÈRES

Introduction   v

PREMIÈRES VUES

Les Ballons d'Alsace sont l'une des trois premières assises du territoire de la France. — Le feu, l'air, la terre et l'eau. — Mer universelle et mers partielles. — Vosges, Jura, Pyrénées et Alpes. — Premiers êtres vivants et générations successives. — Déluges européens. — Époque glaciaire et glaciers des Vosges. — Croûte terrestre actuelle. — Température stable. — Avenir de notre système solaire ; a-t-il toujours existé ?   1

DEUXIÈMES VUES

Age des mammouths, de l'homme primitif, de la pierre brute. — Origine de la race humaine. — Premiers temps de l'humanité   22

TROISIÈMES VUES

Primitifs d'Alsace. — Épisode caractéristique : *Belette et Tueur d'ours*   43

QUATRIÈMES VUES

Age du renne. — Déluge glaciaire. — Nouvelle race humaine ; origine aryenne. — Age de la pierre polie, monuments mégalithiques, murs payens des Vosges. — La guerre. — Habitations lacustres. — Progrès. — Commencement de culture ; animaux domestiques. — Découverte du bronze. — Épisode caractéristique : *Tamal et Misie*. 67

CINQUIÈMES VUES

Age du bronze. — Progrès et Age du fer. — Fin des temps préhistoriques. — Ibères. — Celtes. — Aquitains. — Liguriens. — Massaliotes. — Kimris. — Expéditions gauloises 115

SIXIÈMES VUES

Les Gaules, deux siècles avant l'ère moderne. — Caractère et mœurs des Gaulois. — Patriciens, druides et peuple. — Divinités gauloises. — Nations gauloises d'Alsace. — Luttes contre les Germains. — Épisode caractéristique : *Rodvig et Diéla*. 127

SEPTIÈMES VUES

Les Gaules attaquées par les Romains ; secours aux Massaliotes. — Allobroges, Arvernes et *Bituit*. — Première province romaine et colonie de Narbonne. — Cimbres et Teutons. — Helvétiens. — Arioviste. — Vercingétorix. — La Gaule entière réduite et partagée en quatre provinces. — Résignation et soumission générales des Gaulois ; derniers opposants. — Épisode caractéristique : *Sigor et Véda*. 164

TABLE DES MATIÈRES

HUITIÈMES VUES

Révoltes de *Sarcovir*, de *Vindex*, de *Civilis* et de *Sabinus*. — Empire gaulois distinct de Posthumus à Tétricus. — Insurrection des Bagaudes. — Confédération des Allemands, des Francs. — Probus, Constance-Chlore, Constantin, Constance, Julien, Valentinien, Arbogast, Alaric, Aétius, Attila, Clodion, Mérovée et Childéric. — État de la Gaule devenue latine. — Monuments et principales villes d'Alsace. — Routes romaines. — Introduction du Christianisme. — Invasions de la Gaule au cinquième siècle. — État de l'Alsace à l'arrivée d'Attila ; *une scène des ravages faits par les Huns*. 195

NEUVIÈMES VUES

Règne de Clovis. — Royaume d'Austrasie. — Dagobert Ier. — Ducs, marquis, comtes et barons. — Maires du palais. — *Attich*, premier duc d'Alsace. — *Sundgau* et *Nordgau*. — État de l'Alsace sous les rois Mérovingiens. — Pépin d'Héristal. — Charles Martel. — Pépin-le-Bref. — Résidences royales et couvents en Alsace. — Châteaux-forts. — Légende de *sainte Odile*. 222

DIXIÈMES VUES

Charlemagne et son règne. — Louis le Débonnaire ; révoltes de ses fils ; Champ du mensonge. — Serments de Strasbourg. — Partage de l'empire franc, entre Charles le Chauve et Louis le Germanique ; l'Alsace séparée de la France. — Considérations générales sur la persistance ou l'altération des races. — Les Alsaciens conservent leur sang gallo-franc . . . 242

ONZIÈMES VUES

L'Alsace revient au royaume des Francs sous Charles le Gros ; puis fait partie du royaume de Lorraine ; est soumise ensuite à l'administration du duc de Souabe. — Temps féodaux. — Invasions hongroises. — Croisades. — Troubles et guerres intérieures. — Pestes et famines. — Massacres des Juifs. — Incursions de bandes anglaises. — Incursions des Armagnacs. — Guerre avec les Bourguignons. — Villes libres et alliances suisses. — Réforme religieuse. — Anabaptistes. — Les Suédois occupent l'Alsace et y sont remplacés par les Français. — Traité de paix de Westphalie. — État de l'Alsace à cette époque. — Scène bourgeoise caractéristique 262

DOUZIÈMES VUES

Campagnes de Turenne, du prince de Condé, du duc de Luxembourg et du maréchal de Créqui. — Louis XIV en Alsace. — Traités de Nimègue et de Riswick. — Campagne du maréchal de Villars. — Traité de Bâde, en Suisse. — Campagne du maréchal de Coigny. — Révolution de 1789 en Alsace. — Les deux départements du Rhin sous la République et sous l'Empire. — Invasions, blocus de Strasbourg, combat de Colmar, et défense héroïque de Huningue. — Restauration, conjuration de Belfort, procès de *Caron et Roger* 296

TREIZIÈMES VUES

Révolution de 1830 et règne de Louis-Philippe. — Révolution de 1848. — Célébration patriotique du deuxième centenaire du retour de l'Alsace à la

France. — Coup d'Etat et second Empire. — Plébiscite. Guerre avec l'Allemagne. 326

QUATORZIÈMES VUES

Etat de l'Alsace avant la guerre de 1870. — Evénements qui s'y passèrent pendant cette guerre. — Cession de l'Alsace-Lorraine, et ses effets. — Patriotisme des Alsaciens-Lorrains. 339

ÉMILE COLIN. — IMPRIMERIE DE LAGNY

www.ingramcontent.com/pod-product-compliance
Lightning Source LLC
Chambersburg PA
CBHW070451170426
43201CB00010B/1301